乡的风情

林山 著

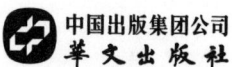
中国出版集团公司
华文出版社

图书在版编目（CIP）数据

乡的风情 / 林山著. -- 北京：华文出版社，2021.12（2022.3重印）

ISBN 978-7-5075-5508-0

Ⅰ.①乡… Ⅱ.①林… Ⅲ.①散文集-中国-当代 Ⅳ.①I267

中国版本图书馆CIP数据核字(2021)第221928号

乡的风情

作　　者：	林　山
责任编辑：	闫丽娜
出版发行：	华文出版社
地　　址：	北京市西城区广外大街305号8区2号楼
邮政编码：	100055
网　　址：	http://www.hwcbs.com.cn
电　　话：	编辑部010-58336279
	总编室010-58336239
	发行部010-58336202
经　　销：	新华书店
印　　刷：	三河市龙大印装有限公司
制　　版：	北京禾风雅艺文化发展有限公司
开　　本：	889mm×1194mm 1/32
印　　张：	5.25
字　　数：	55千字
版　　次：	2021年12月第1版
印　　次：	2022年3月第3次印刷
标准书号：	ISBN 978-7-5075-5508-0
定　　价：	39.00元

版权所有，侵权必究

前言
PREFACE

刚成家的那段时光,我生活在当地也算较大城市的地级市。女儿开始记事的时候,当教师的妻子像大多数母亲一样,教女儿背诵一些"床前明月光"类的经典诗词。固执的我,也开始给女儿讲一些我儿时外婆外公给我讲的"千人共个麻雀头""清明前后、种瓜点豆""牛打架、鸡打鸣""月亮上有嫦娥仙姑种的仙桃"之类的故事。

女儿刚上幼儿园那年夏天,我带妻儿第一次回乡看望高龄的外公。见到老人时,我还是有些激动地叫了一声"爹!"(我家乡对祖父外祖父的称呼),还没来得及教女儿喊"曾爹",女儿竟脱口而出,学着我的语气,大声叫了一声"爹!",把我外公笑得口水都流了一缕。我暗自得意,第一次见形象土气而高龄的外公,女儿竟自然地显得那么亲切!与上门来看望的乡亲一阵寒暄后,发现身边竟没看到女儿。村里土路的坑洼、猪牛鸡狗的无序,担心未走出过机关大院的三岁女儿受到惊吓,急忙出门寻找。自家房前屋后未见,似闻要拐好几道弯,近两百米远的龙井边有喧哗之声,急忙赶往。远见村中十多个小孩围在水井边玩耍,女儿没有半点"认生",挤进小孩圈中,还有说有笑。我故意放慢脚步,在井边池塘沿洗衣服的女长辈们议论开来:咦,哪里来的城里的小孩,没见过,怎么又好像是我村里的小孩,猜!家在龙井边的叔外婆一口断定:是上屋大哥家"二苕"的小孩……心头一股暖流泛起,牵起女儿

前言

的小手,叫了一声"乖"……

随着女儿年岁渐长,我又开始讲一些乡村春华秋实的自然景观,种粮种菜的辛劳与收获,拾猪粪的技巧、捡松毛虫换蜡笔的苦乐,见下雪就有穿新布鞋的期待,放牛时采食茅草针的清甜,冬天树篝火的温暖和火灰烧熟红苕的香气,送余粮插上红旗时社员们脸上的自豪感……直到女儿大学毕业,想出国留学,我犹豫再三。女儿明确表示,请您放心,学成之后,我唯一的选择是:报效祖国,孝敬父母!

三年后,在机场接到女儿的那一刻,女儿一笑:说了不让您担心吧,其实,二十年来的耳濡目染,早已为我打下磨灭不了的家国烙印!

随着我退休日子的渐近，在已是家中里外绝对"一把手"的女儿多次催促之后，花了两年时间，断续无章地把童年的记忆加上些即兴的感慨，积累成了一些文字。打印机打出两份，女儿看过，"泪"不释手，这是她和她的后辈最好的家传之宝！

近年来，人们的交往已"微信"化，收到太多真情厚谊的信息，偶尔选两段以作回礼。本是一种应酬，不经意收到太多的勉励和期待："大别山区的百科全书""地理人文的原生态""农村生产生活的活教材""六七十年代人的共同记忆""记叙文的别样境界""记述艰辛似是辛酸，却是成长阅历的庆幸"……只当是微信往来中的礼节，也多再回一个抱拳当胸的表情！

前言

偶尔一次参加医疗界叙餐活动，一友人借酒兴催我读一段回忆录，也是为了活跃一下冷场的氛围，挑了一篇应景的《赤脚医生》。读完，抬眼时，同桌老资历的名医，好几位泪衔双目，不约而同地感慨："那就是我！"这场景，让我意想不到地震撼，瞬间激起一种社会责任感。虽是无心插柳，如能在耳顺之年，还能传递一份正能量的记忆、乡愁和人生观，我愿意把专给自己女儿独享的家书奉献给社会！

林山

2021 年 9 月 8 日

序言
FORWORD

岭南自古多瘴气,暑日,炎瘴尤盛。静坐在电脑前,品读林山先生的二十五篇散文集《乡的风情》,如沐春风,顿时燠热散去,只余先生质朴无痕的文字,行云流水的记述,田园牧歌式的场景在脑海中沉浮。我读先生的文字,最感佩者有五:

一是惊叹先生惊人的记忆力。文中细节和场景的记述,仿佛跨越时空,历历在目。从冬的雪景、春的归燕、夏的耕耘、秋的稻场,一串串逼真的细节,一幅幅"人间烟火"的生动画卷,都体现了先生对乡村生活的熟稔与挚爱,正如汪曾祺先生在《茶干》一文所说的:"我写旧题材,只是因为我对旧社会的生活比较熟悉,对我旧时邻里有较真切的了解和较深的感情……我以为小说是回忆,必须把热腾腾的生活熟悉得像童年往事一样……小说当然要讲技巧,但是:修辞立其诚。"

二是感动先生寸草报春晖的深情厚谊。儿时外婆病中的"唤吓",头破血流时的一把锅底墨,雨夜门框下的呵护,晚餐的一碗苕锅巴粥,启蒙时补上开裆裤的那块大红花布,到外公私藏的云片糕分享,出远门时的驾背驮……半个世纪的岁月后,记忆历久弥新。从先生精心为外公过百岁寿辰到为曾外婆堆土护坟,从率先捐款复修龙井到为龙井亲撰碑文,体现了先生将养育他的那山、那水、那人融入了自己的血液。先生生于县城,长于乡村,自幼被外婆当作"里孙"养大,虽然没有外孙"吃鸡腿"的

序言

特权,但是外婆外公和乡亲朴实善良的人格魅力,始终影响着先生,勉励着先生,鞭策着先生,滋养着先生。

三是钦佩先生豪迈坦荡的胸襟。20世纪六七十年代,是我国社会经济发展的特殊时期。读过不少反映同一时期的作品,多表达的是对生活艰辛、社会波动的"伤痕"怨叹。先生的记述中,也客观地再现了当年生活条件的艰苦,生产条件的原始,社会生活的动荡,也有"不该砸了的那罐猪肉汤"的无奈,但字里行间更多的是先生坦然面对困难的骨气,敢于战胜困难的勇气,把困难作为自强自立、坚韧执着的豪气,把苦难历程视为人生财富的胸襟,为先生数十年从不间断地服务社会打下了坚实的基础,也给我们后辈上了一堂极好的人生观教育课。

四是羡慕先生"形散而神不散"、将文史哲融为一体的写作技巧。在讲述乡村生产、生活、社会、自然、风俗、人物、情感时,先生总能娓娓道来,刻画跃然纸上,记述见微知著,人物栩栩如生,农业生产的挑粪、犁田、插秧、挑草头、扬谷、送公粮……让人身临其境,外婆、外公、记叔、德叔等人物的描写,让人真切地感受到人物的真性情、真本色。细读每一篇,都会发现那些顺其自然而又画龙点睛的妙笔或哲理的升华,不仅有"人到弯腰树,弯腰好前行"的生活认知,也有"母亲和媳妇落水先救谁"千古谜题的精妙解答……这些更是难能可贵!

五是醉心于先生质朴无痕的文字风格。文字风格百花齐放，各领风骚。从严谨的古典文字发展到今天通用大白话的文字风格，虽可极度"自由"，但易见"寡淡无味"，且有不必要造成"洛阳纸贵"之嫌。先生的文字隐然有古文之风而无晦涩，质朴而不枯燥，清新而不随意，似为信手拈来，却是精心拿捏。我也曾尝试增减字句，似易实难。此文字之风格，于自己日后教学教研，实有裨益。故愿荐于同行及少年学子，以作思政和语文课教辅之资。

是为序。

云小末

2021年9月2日

目录
CONTENTS

第一篇	冬	/ 001
第二篇	燕子	/ 005
第三篇	龙井	/ 009
第四篇	茗	/ 013
第五篇	粑	/ 018
第六篇	猪肉和过年	/ 022
第七篇	千人共个麻雀头	/ 026
第八篇	山里的传说	/ 031
第九篇	祖上与棉纺车	/ 036
第十篇	平凡的那些琐事	/ 041
第十一篇	知书与达理	/ 047

第十二篇	不该砸了的那罐猪肉汤	/055
第十三篇	游戏	/062
第十四篇	婚俗	/068
第十五篇	回娘家	/073
第十六篇	社员	/080
第十七篇	大队	/086
第十八篇	稻场	/091
第十九篇	田畈	/097
第二十篇	山上的放牛娃	/103
第二十一篇	赤脚医生	/110
第二十二篇	手艺人	/116
第二十三篇	大红花与打倒我爸	/121
第二十四篇	发蒙与勤工俭学	/127
第二十五篇	远山岗上的身影	/129

后记	/138
后序（之一）	/142
后序（之二）	/146

第一篇  冬

20世纪60年代,大别山的冬天常有大雪铺满天地,白茫茫,望不到边际。高大一些的树木,偶有被压断枝条,但仍然顶霜傲雪,千姿百态。地里的麦苗,从隆起的一行行雪帽边缘,挤出丝丝嫩绿。散养的猪牛,靠在树干上懒着身子擦痒痒,抖落一片片冰雪花。白色的山峦中,多出几丛仍然青翠的松针装点。伴随朝霞升起的炊烟,悄无声息,却让山村萌动了生机。

天太冷,小孩们也不会被大人们太早叫起。比起刺骨的寒风,被窝里的温暖,实在是幸福得太多。自家屋后的水沟,几乎是每个小伙伴冬天梦中最常寻找的地方,那是他们平常尿尿的主要处所。每遇此梦,被外公大嗓门吵醒后,第一感觉多半是裤裆里一片清凉。发现我尿床时,外婆常说一句:"昨

晚又把粥喝多了！"帮我穿上衣裤，再把棉被抱出屋外晾晒。

比起平日里都是石子、杂草、泥巴、猪牛粪的地面，一尘不染的雪地，说不出的清爽。鞋底踩入厚厚的积雪，发出"嚓~嚓~嚓~"清脆的声响，身后留下一长串清晰的足印。偶尔从空中飞过的麻雀，比平日里见到的更加清晰，叫声也更亲和一些。村口的上马石，传说"千里跃进大别山"时，刘伯承首长踩此石上马。每逢大雪覆盖时，总显得格外高大。村里的小伙伴，很少有玩堆雪人、打雪仗之类的游戏，似乎是不忍破坏了这完整的银装素裹。

伴随着雪花飘落的，必定是寒冷的北风。与其他季节相比，冬天的北风，多是带有明显的响声，特别是在夜里，似乎总是那么尖锐、凄凉！屋顶雪花融化，瓦檐下倒挂的冰柱，相对整齐地排列，又各有变化的不同，是一道别致的冬景。

大别山的南侧，算是祖国大地南方的起点。不知是否这个缘故，人们生活习惯中，没有了北方人御寒的烧炕、门帘，冻伤十分普遍，常见于手脚、脸颊、耳朵。冻伤之处，先是痒痒、

第一篇 冬

不自觉地抓抓、红肿发热，又痒痒、又抓抓、生痛、破皮、出水、肉色变深、结痂，又痒痒、又抓抓……循环直至春暖。

寒冬腊月，水的感觉是穿透肌肤直接刺骨。伸手入水，手指僵硬、麻木，说不出的难受。久了，也会摸索出门道：先用稍暖的水浸润一下，待手指发热，再入冷水，也就不会感觉那么难受了。真庆幸我那村有一口龙井，再冷的冬天，那井水也会有一种暖手的感觉。

过年前多是最寒冷的时节，常见雨雪，农活儿又少。勤扒苦做了一年的社员们，也会给自己放个十天半月的农闲假，走走亲戚，备一些柴火，整理一下房前屋后。最多做的是备年货：磨一板豆腐，打两盒糍粑，炒一些苕果、南瓜籽。每到这个时节，村里的小伙伴们总是会迎来几次高光时刻：夜里，可能会有树蔸放在堂屋中间烧的篝火，花生、蚕豆、红苕，放入火灰中烧熟，那才真的叫香。点儿赶得好，大人们指不定会抓给半块豆腐，或刚出臼的糍粑，尝一口新鲜。还有可能获得一双新的手工布鞋，或者是哥哥姐姐穿不下的"旧新衣"。

所有人最期待的，一定是那一顿团年饭，也是一年来难得的一次吃得好、吃得饱、不限量的机会了。从初一开始，随着长辈三姑六舅地拜年，偶尔幸运，磕头时长辈赏给五分或一毛钱（回家后要如数交给自家的大人）。每家几挂二三十响的鞭炮总是有的，作初一开门迎客之用。小孩们在意的是，偶尔能细心地捡得到几颗炸散未燃的鞭炮，与小伙伴们模仿"一大会开始，二鸣炮"的程序同乐一回。

好日子总是过得很快，每到正月十五，大人们总会念道："年过月半尽了！"新一年忙忙碌碌的生活又开始了……

第二篇 / 燕子

春天的到来总是不知不觉。天蒙蒙亮时,生产队队长就扯高了嗓门派工:记叔用下湾的水牛去犁中畈那二十担谷田,迟生大哥盘谷种,女社员挑塘泥到下畈……

迷糊中,外婆将我的衣裤,架到烘炉上暖和一下,穿上身不冰冷。起床后的第一件事,就是到堂屋看今年的燕子是否回来了。昨天,下湾已有两家的燕子回了家门。看着我着急的样子,外公说:去年雪大,将我家门前的那棵老桃树压断了枝干,可能是去年来我家的老燕子,看不见桃树就不认得家门了。不急,就是去年的老燕子不来,稍迟些时,今年也会有新燕子来。

一连好几天,偶尔有燕子飞进来,转两圈又飞走了,未见有留下来做窝的。外公找来了两根筷子长的竹签，钉在靠大门口近一些的堂屋内墙上沿，上面稳当地放了一片泥瓦，说是新窝做好了，好接新燕子。不记得又过了几天，两只燕子喳喳叫地落脚在外公新支起的泥瓦上。我兴奋得用半跑中间加一步踮脚，即村里小伙伴常见表达很高兴的方式，跑到祠堂找外公报喜。外公说，要像自家人回家的感觉那样，不要打"惊张"，免得把新燕子吓走。此后，我每天一早就坐在门槛石上，看着两只燕子飞出飞进，从田畈中一口口衔回黄豆粒大的田泥，垒成一个半边葫芦状的窝。随后，燕子每天早出晚归，时间一长，我的关注也逐渐淡化了。

夏天中午的知了声，此起彼伏。数十年后，听侗族大歌，顿感异曲同工之妙。趴在门槛石上打盹，外婆说石头有凉气，拿来早已没有了椅背的小木椅，让我靠在木质的大门板上"歇气"。迷糊时，嘴角常挂着一溜口水，引来小鸡的啄食，是外婆"呵叱、呵叱"的驱赶声惊醒了我，半睁眼，挥手将小鸡赶走，又继续迷糊……

不知道是哪天中午，热闹的知了声中，仿佛听到了一阵

第二篇　燕子

"喳、喳、喳"稚嫩的燕子声,用手背一抹嘴角的口水,眯眼向燕子窝内看去：三两只新生的小燕子在窝内啼叫着,向上最大限度地撑开带着黄裙边的小嘴儿,挤碰着对准刚从田间飞回的大燕子的嘴。大燕子做了两次伸脖子的动作,从口中吐出不知道是蚯蚓还是小鱼虾之类的食物,嘴对嘴地哺入鹅黄小口中,又扇起翅膀,飞出了屋外。我着急地自言自语："还有个小燕子没吃到怎么办呢？"外婆说："你就在这里看着,大燕子下一次回来,一定会喂刚才没吃上的那只小燕子。"虽然从视觉上,下一次伸出鹅黄小口的,我已经分不清是哪一只小燕子,但我深信外婆说的是对的。

不经意间,小燕子慢慢长大了,随着老燕子早出晚归,再也不容易分出哪只是老燕子哪只是小燕子了。秋风起后不久,我家燕子随村里其他的燕子一起,又一年一度地举家向对门山那边的远处飞走了……

深秋的晚餐,十之八九又是一份回锅了不知道多少次的干腌芥菜。那天晚餐,有两块昨天留下的烧得半焦的锅巴,同往常一样,外婆夹了一些放在口中,慢慢地嚼碎。坐在"高椅"中的表妹,早就张开了她的小口,"啊~啊~"地叫个不停。外婆侧身口对口地将嚼碎的锅巴干腌菜团,喂入表妹的口中。小表妹高兴地一双小手在"高椅"的沿上拍打个不停。那是我熟悉的味道和感觉!多年后,年幼的女儿偶有咬了几口的食物吐出来,我接着再吃下去,旁若无人!

第三篇 / 龙井

我那村原名槽门,后因龙井名气渐大,也就约定俗成地叫成了龙井湾。龙井原本在后山外公屋后的半山坡上,常年泉涌不竭,雨天更是水漫山涧。祖上商议,为防大水冲垮房屋,牵来一条土狗推入井中,此后,泉涌日枯,自然荒废。不久,村前水塘埂上的麻古石缝中又涌出清泉,祖上认为是龙缘未了,就地挖坑聚水,取石围栏,再起龙井。此后,生生不息。后山放牛捡柴时,我和小伙伴多次寻找当年的井口。半山斜坡上,一块相对平整的沙石地,草木特色和泥土的断层,似有人工的痕迹,与老人们传说的位置也大概相当。其东侧一块突兀的巨大石壁,敲之砰砰有空鼓之声,有小伙伴们猜说,是龙宫的回音。

发大水,村里人称之为"起龙"。我记忆中有好几次都是发生在夜里,外公总是光着膀子穿上蓑衣,借着闪电的亮光,不停地掏起堵塞屋后水沟的沙石草木。外婆则是用扫帚将渗入屋内的积水,逼到鸡鸭进出的洞口流出屋外。我总是被外婆穿上厚实一些的衣服,口袋里还装两个红苕,放在门框木质厚实一些的堂屋与下屋之间的门槛上站着,并反复交代,水如果漫过了三层的青砖墙,就浸到了土砖,要赶快跑到门口前面的高处,抱住上马石不能松手。每当此时,我总会想到祖上为什么要用土狗压住后山坡上的老龙井。

我自己所见的龙井,是在村前的水塘边,圆柱形,用石条垒成井壁,两跨步大小的井口,人把来深,自然敞口。井口周围,用粗大长方形的石条围成一个三边形的外框,其上有两处被村里人习惯用来磨刀,百十年传承下来,形成了光亮且圆滑的半月形凹口。井水清澈,看得见靠老龙井方向涌出的泉眼,水位总是会高出一侧水塘的水面许多。村里人习惯在水井中投放三两条带有红色鳞片的小鲫鱼,与波光倒映的山林,构成了一幅质朴而醉人的山水画。

龙井水清澈甘甜的口感,是龙井湾人的天赐之福!上下

第三篇 龙井

湾两头的人家,都另有水井,但喝进口中的水,从来都是要舍近求远,到湾中间的龙井中挑来。冬季的温暖,夏季的清凉,更是所有龙井人念兹在兹的记忆。我进城后,有一年母亲赤手制作泡辣椒,被辣得双手通红,奇痛难忍。医生指点,只能以凉水浸泡,换了一盆又一盆的自来水,效果未见明显。痛得呲牙咧嘴的母亲,反复念叨一句话:"要是有龙井水就好了!要是有龙井水就好了!"

龙井湾人丁兴旺,除了上下湾要分成第一第二两个生产队,上下湾外侧,还各有染铺和周湾两个附属的小湾,方圆百十里地无他湾能及。但龙井湾远近闻名的主要原因还是长寿的老人多,读书人多。早些年,外出到城市工作的人多,民风也开化大气一些。我外公总想找一块不与祖坟在一起的墓地,说是免得到那边去了还要听我外婆啰嗦,这在其他村是不可想象的。最后还是我姨说了一句话:"你过身后抬到哪里去,只有我们说了才算!"外公才无奈作罢。在外工作生活的人,未能赶上清明那几天,其他时间回乡再到山上烧些纸钱,村里人只会说,从外面回来一次不容易,山上的先人又不到哪里去,哪天上山烧钱,都是一样的孝心!

那年撤销公社,重设村组建制。建设大队改称为龙井湾村,是最无争议的共识。得知高考上线,在那个年代十分难得,我的心情极好,回龙井湾陪两位老人住了几日。触景生情,第一次尝试写了一副对联"大林山前龙井水甜甜甜如蜜,老桃树下祖孙情深深深深似海"贴于大门柱上,引起村里识字的人反复阅读传颂!向来不屑于我的父亲,数十年后居然还能一字不差地背诵出这一副对联,让我十分惊讶。虽然后来我常以此自嘲当年的笔力稚嫩,但真情所致,恰是诗文的灵魂所在!

第四篇　/ 苕

苕，大别山区对红薯的称呼。丘陵地带，四分水田，六分旱地，苕是一种主要作物。

自我记事起，就传承了不知道多少年前传下来的饮食规律。一早醒来，揉着眼睛的同时，喝下一碗总有些沤黄味的糙米粥，算是早餐。中午，赶上饭点，把锅盖挪开一条缝，伸手就能够摸出两三个贴着锅底蒸熟的苕，囫囵吞下肚去，算是午餐。做晚餐时，外婆先从锅底铲起中午蒸苕时被铁锅烧得半焦的苕锅巴，加上少许米粒，煮成苕锅巴粥。中午蒸苕时顺锅流下来的条状苕糖，使晚餐锅巴粥中多了些许焦香和甜的味道。晚餐显得比较正式，外公、外婆、表弟、表妹和我都能够围着一张小圆桌坐下来用晚餐。一碗反复回锅的腌菜从来没有少过，偶尔还有一碗自家菜园中摘回的茄子、南瓜、苋菜之类的时令菜。大学毕业以后,我向外婆讨来了那张有六条腿、下沿边一圈有手工木葫芦花的小圆桌,带到城里自用,每晚坐在它边上,感觉心里很踏实。成家以后,妻子买过好几样的瓷碗,但我痴心不改,只好青花且质朴的那一种,想来就是儿时装苕粥的那一种。

很有幸家乡的土壤土质较为丰富,沙质和泥质的土,可以分别种出白心、红心两种苕,白心的粉,红心的甜。吃苕的方法随着我年龄的增长而丰富。红心的苕,挑瘦长形的,用索线穿过根部,串成一串,挂在通风的屋梁上,待秋风一过,变得口感柔软,且甜度十足,生吃口感最佳。白心的苕,用灶膛里的火灰埋起来,焖烤一个来钟头,拿捏一下,没有了硬芯的手感,连吹带拍,除去皮面的灶灰,口感粉实厚道,带着些许焦煳的苕皮吃,更多一份香甜气。究竟哪一种更好吃?至今我也没排出个顺序来。不少人说,苕吃多了肠胃胀气,打屁多,我却没有特殊的感觉,也可能是当年漫山遍野地运动多了,消化得好。

村里的人都会做苕果,将苕切成片状或条状,晒干后用

第四篇　苕

洗净的粗沙炒制，是最常见的零食。我外婆有一手绝活：将红心白心各半的苕去皮，蒸熟，揉成泥，加入姜末、黑芝麻粒、少许陈皮，以擀面杖擀制成薄面皮儿状，晒至半皮软状态，剪成菱角形，再彻底晒干。年节时炒制上桌，脆、香、甜于一体，口感丰富、色鲜、味儿足。我表弟机灵，在偷吃时发现，我们家的苕果，在皮软状时生吃更有滋味。不论生吃熟吃，在众多苕果的口感中摆在第一位，是上下湾老少的共识。

因为苕是大半年无可替代的口粮，保存是个重要环节。外公在靠山坡一些的墙角处，挖了一个大半人深、直径一臂左右的土洞。先将苕轻手垒放于土洞之中，再用沙子填满缝隙，保存效果较好。偶有出现表皮上些许黑斑，取出十来二十个，置于木桶，半高水位，以擀面杖上下反复地捣腾，连皮带斑可一次性清除，简单而高效。

若干年后，旧屋拆除重建，我也出了一份钱。一天深夜，舅舅来电，小声地说，家里拆旧房子，地下发现一块石板，敲之砰砰有声，似有洞藏之物（先祖有过家境富裕的年月）……我问了详细方位，一口就说出，那是四十年前，外公和我挖的藏苕的土洞。第二天打开一看,果不其然!

近年崇尚原生态食品,一小资女同事痴迷红薯,每日早餐时必荐。我偶尔食之半块,她不高兴,说我对她的推荐重视不够。问她究竟每天平均食用多少为好?她认真地查阅了健康指导资料,说是每天坚持20克到30克。我有些不耐烦地告诉她,四十多年前,我早就超额完成了任务。她愣了一会儿说:"难怪你能长得这么健壮,肤色又好!"

城里人喜好农家乐,食品自采。苕在地里,找不到工具,急。我看一眼苕藤的走向,找到主根附近斜坡处的裂缝,轻轻剔去面上的土皮,顺裂缝伸手即摸出几个红苕。同行的城里人傻了眼,说我做了农家乐的功课,上网学习了挖红苕的技巧。摇头一笑,无人知晓!

苕不仅是我十岁前的主粮,也烙下了我挥之不去的乡愁。20世纪五六十年代,村里还保留着给小孩取贱名好养的习俗。叫狗的太多,大狗、二狗、三狗,还要分上湾的大狗、中湾的二狗、下湾的三狗。于是,叫苕的也时兴了一阵子,

第四篇　苕

我也曾被叫了个"二苕"。只是当初叫我这小名的老人逐渐谢世了,自然地多年也没有人再叫了。听说过这个故事的我老伴儿,偶尔兴起,戏言一声"二苕",听起来倒也更多的是一份亲切。

第五篇 / 粑

粑，是大别山区对食物的一种称呼。所指对象太多，除了粥、饭、面条以外的主食形式，大概都可以统称为粑。常见的有：以小麦面粉为原料加工，蒸制而成的叫发粑，搅成块状下水煮的叫疙瘩粑；将大米磨成粉加工，用印模压出来的叫印儿粑，加黑芝麻揉成黑白相间再蒸熟切成三角形的叫花儿粑，加地菜制成的叫地菜粑，加南瓜制成的叫南瓜粑，加高粱制成的高粱粑，加苕制成的叫苕粑；糯米磨成粉加工，搓成圆形下汤的叫汤圆粑，直接蒸熟捣鼓成饼的叫糍粑……还有一种叫起巧粑的，传说村里只有我外婆在内的三两个女老人才有这手艺，耗时又费料，属于粑中之王，可惜我至今也没有眼见过一次！

粑，是先祖在千百年的生活实践中，丰富和调节饮食的

第五篇 粑

一种重要传承。虽然仍是一些自种的原材料,但通过不同的搭配和加工方式,极大地丰富了食物的空间。在重要时节,女主人们多会劳神费力地做一次粑。花儿粑和南瓜粑是我的最爱,这与外婆的手艺有直接关系。汤圆粑,因村里有一位长辈,自作聪明地创造了汤圆粑要猪肉汤煮来才好吃的说道,故而各家主妇不会轻易而为,怕落下了个没有猪肉汤也做汤圆粑的笑柄。

龙井湾做粑的样式虽多,但只有糍粑才能算作"独具特色"。祖传"三粒寸"的糯米,瘦长形米粒,三粒相连近一寸长,白玉状质地,纯糯细腻的口感。头一天晚上淘洗,以温水浸泡。第二天大火蒸熟,趁滚烫倒入大石臼,两至三人各持粗木棍,有节奏地往下扎捣至米碎,木棍与米团相黏时,不得以抹水分开,连揉带扎,木棍之间起落相互帮衬。反复而为,直至女主人认为黏密程度到位,合力起臼,以熟干米粉为薄粉,置于竹筐。趁热揪出小团,以芝麻粉糖滚皮,手拿即食,味儿之美极致。剩余部分放至温热,按压成圆饼状,半干爽时切分成所需条块状,即大家经常见得到的糍粑成品,蒸、煮、煎、炸均可食之。在村里时,感觉好吃应该是自然的,离村几十年，尝遍了南北各地，即使是同县临乡的糍粑，论密实、细腻、糍糯、米香、口劲，和传统食物的那种质朴厚道，与龙井湾的糍粑比较，相去太远。我老伴嘴刁，也常赞叹："龙井湾的糍粑，无出其右！"

最为常见的是发粑。每逢端午、中秋，按习俗多数人家会将口粮中的小麦，拿到生产大队加工成面粉。拿回家后加水揉匀，以老面发酵，搓成圆形，用桑树叶打底，蒸熟即可。成品呈半圆形，品质优劣主要以泡松的程度做鉴定。做喜庆之用时，还要在顶端蘸上一个红圆点，十分诱人！因能吃上粑的机会太难得，以至大人们斥责小孩在山路上跑得太快时，常用："又没个粑抢，跑那么快干什么！"

我母亲少时性子倔强。有一年生日早晨，外婆照例唤她起床吃发粑，这是生日佬特有的高标准。久唤不起，问原委，我母亲说："别人的生日有新鲜粑吃，我每年生日总吃剩粑！"故不起床以示抗议。多年以后，每提及此事，外婆总是无奈地一笑："气死个人，谁叫她是八月十六那天过生日呢，只能吃头一天中秋节时留下来的剩粑了！"

第五篇　粑

除了各种粑以外,山里能见到的年节食品,主要有苔果、花生、蚕豆、南瓜籽等。城里人回村,偶尔带回颗粒糖、棒棒糖、洋糖果、云片糕之类。外公馋口时,常找些说法,往县城的女儿家走一回。外婆曾一语道破:不外乎是每次见到外公,我母亲会在食堂多买十来个馒头,也就是发粑的另一种称呼,还有一两毛钱的车费给他。二十来公里的山路,从来不值得外公去等一天只有一个来回的公共汽车。一毛钱,多半是在县城买了两封云片糕。大概脚程也就三个多钟,外公总是能在太阳下山前回村,十来个馒头是必须交给外婆统一掌握的。我常能分得一个半个馒头,且摸索出用火钳托住,放在灶膛里火灰上,烤出半焦黄的硬壳,才能够发挥这种"发粑"的最佳口感。云片糕多半做了外公的"私房",随后两天"黏"着跟外公上山捡柴火,分享几片云片糕,那是很自然的奖励。

第六篇 / 猪肉和过年

猪肉,说出来都让人咽几次口水。除了家里有人在城里上班拿工资,给老人祝寿等特殊的时日,才买回两斤。不仅是价格贵,更难的是只有吃商品粮的城里人每月才有半斤"猪肉票",大多数山里人家只有春节才能享受一次了。我舅舅或母亲一年可能带回一两斤,都是那种带一两根排骨的肋条肉。肥的部分最珍贵,炸出猪油保存起来,以便在有个人客或老人生病时,能见到一点荤腥。剩余的部分,用泥土罐煨汤,靠骨头瘦肉相对多的部分给外公,中间半肥半瘦的部分给我和表弟们各分享一两块,外婆的碗中只是一些零碎儿加一点汤水。外婆分得最少,还总会讲一些关于吃猪肉的故事:她年轻做媳妇时,给公公婆婆煨小罐猪肉汤,只有长子,也就是我大舅,可以沾光喝一口汤,其他人等想凑近闻一下香气,还怕被老人斥责!故而"爷奶爱的头生子,父母疼的断肠儿,

第六篇 猪肉和过年

都是各人的命!"无心之语,似乎暗示了我日后极为特殊的境遇。

春节,各户几斤猪肉,是要想办法有的。主要来源是各户养的猪,年前"上调"给国家,都会分回给养猪户几斤猪肉和下水的指标。养猪户分单户和多户两种:单户即一户人家独自养成一头猪;多户即一户人家的饲料不足,转给下一户继续饲养,分配方式是以过户时称重记数,公平合理,再困难的人家,每年至少也要分段参与饲养一头猪,以确保过年用的猪肉。

年肉的用途,主要有两种。一种是"还福",即我们今天所讲的团年饭,又称"发财"。时间点,周边各村主要是在腊月二十八至三十日,但具体哪一餐都是祖上的传承,不得变更。我那龙井湾是腊月三十的早上,规矩是要"还福"完才能见得到天亮,传说是祖上比较富有,喜欢闷声发财,不愿别人看见。两个小山头外的陈家新屋,固定在腊月三十的中午"还福",且大门外必定得放一根竹杖,以纪念先人叫花子出身,告知后人不能忘本!

"还福"时猪肉是趁新鲜的吃：一份红烧，一份肉丸子。因为"还福"的第一道程序是祭祖先。像平常请客一样，最好的酒、菜、茶、烟伺候被"接"回家来的祖先。上三圆，即三种丸子，是不能少的，肉圆是最主要的，其他的未见有硬性的讲究。当家人到门口放一挂长长的鞭炮，算是"接"了祖先回家，然后在餐桌前依次磕头，向祖先汇报过去一年的生活，乞求祖先保佑新的一年诸事顺利。常能见到老人们真情流露，泪涕涟涟，念念有词，叩头有声。年少时，似有不解。人过中年之后，方知其理！所以有肉上桌过年事关重大，既是敬祖先，也是犒劳一下辛苦了一年的自己。

年猪肉的第二种用途是做腊肉。趁立春前的寒冷天气，加重盐腌制十来天，再拿到太阳下晾晒，会散发出一种中原白腊肉独有的腊香气息。通风阴凉处可保存至第二年的中半年，入伏之后会逐渐变质，其猪油却进化成了一种非常好的消炎降火的良药，擦抹身上的脓包十分有效。

从初一开始，拜年是山里人最重要的活动。平日里都又忙又艰辛，但正月十五以前是农闲，多半生产队不安排出工。

第六篇　猪肉和过年

邻里之间、三姑六舅地拜年时,主人一挂鞭炮、一碗汤地招待,是最基本的程序。"喝汤"是有讲究的!内容几乎是统一的标准:以糍粑或面条做底,上面放几片煨好的腊肉,一只鸡腿,另加汤汁,一般糍粑、面条、汤、水都可尽情享用,但那几片肉和鸡腿是不能动的,必须要"回碗"。只有外孙回外婆家拜年,百无禁忌,也是鸡腿的"法定"享用者。丈母娘疼女婿,千古未变,但"回碗"的规矩也是不能破的。世上无难事,只怕有心人,不知从何时开始了一种只做不说的习俗:有心的丈母娘会在糍粑或面条的底下,偷偷地放几片腊肉或鸡脯肉,女婿也心领神会,随着糍粑面条一并吃下,上面的鸡腿和腊肉又能"回碗",体面而实惠。最"可怜"的只有我了,身在外婆家,外孙按里孙养,那鸡腿肯定是轮不到我吃的,又不可能再有个别的地方能吃回!

第七篇 / 千人共个麻雀头

村里的小孩满周岁,都有个"抓周"的仪式,将书本、农具、衣帽、布鞋、木刀、糖果等物件,摆于小孩身前,看先取何物,认定成人后的发展方向。大人们说,历来先拿鞋的居多,解释为衣食无忧,可以不做光脚下田的事。想来原因可能一是因为手工做的童鞋,面上都有一块花色布惹眼;二是有鞋穿,这在当时确实是一件很难得的事情。可惜忘了问外婆,我当年抓的是什么。

周岁后的小伙伴儿,光脚板几乎是所有人的状态,是否有人也穿鞋,倒确实没有留在记忆中。村里的路面主要是由泥土和石子天然而成,山上则几乎是石头风化出来大小不规则的石子。我那双小脚板儿上一层厚厚的茧,和从来没想到石子会扎脚板的豪气,倒是未曾淡忘的记忆。直到有一天,

第七篇 千人共个麻雀头

生产队长那老而发硬的脚板,被破碎的玻璃瓶划开了一道长长的伤口,血流一地,我才开始走路时偶尔看看地面,并且一辈子不随手丢弃尖锐的物品,偶尔路上看见了也会顺手捡开。

每年天上飘下第一朵雪花,都是我很高兴的事情。按惯例我会非常有幸地穿上鞋。外婆勤俭持家又心灵手巧,平日很用心地收集每一块破旧的布片,积累到一定的分量,便在晴日以门板为托,用面糊将布片拼凑粘贴,压平晒干,称之为"衬"。依脚的大小,细心裁剪,按厚薄以五六层叠在一起,纳成鞋底。村里人都说外婆的针脚最细。外婆解释说,针线密的鞋底要耐穿得多。

煤油灯,多是以用完了墨水的玻璃瓶为底座,瓶口以一块铜钱大小的薄铁皮为盖,用棉绒包裹两根松针搓成条状灯芯,在铁皮盖正中开一小口穿过,底座内加"洋油"后,点燃即可。久了,灯芯顶端会结出灯花,为了不影响光线,需要剥落,有时也会自行掉落。古人"闲敲棋子落灯花"的诗句描写得倒是惟妙惟肖!

为了节约煤油灯的用油，月色好时，外婆还能借着月色做针线。穿针则是我的专利，还以此为得意。有一次手痒痒，拿针试了一下鞋底，扎进少许就扎不动了。我问外婆要纳那么多针，怎么会有力气？外婆停下手工，从右手的中指上摘下一个表面满是小凹的铁环，语气很认真地告诉我：磨镰不误砍柴工，耕田要借牛出力，很多事空手做不到，但多想些办法，总会能做得到的。比如纳鞋底，借顶针和针钳帮忙，就可以比较轻松地做成。新千年时，我深圳新房子装铸铁楼梯，拐弯处复杂，工友花了一天时间没有装上。下班回家，我研究了几分钟，建议如何如何，一试即成。年龄稍长的工友连声感叹："可惜！可惜！你要是做了我这行，一定是把好手！"

鞋帮是用几块相对完整的布，也是相近颜色拼成的，包裹一层"籽"，用线定型，缝合上鞋底，即成一双布鞋。外公有一手打草鞋的绝活，按原材料分为稻草鞋、藤皮草鞋、布条草鞋，其中按手工精细程度又分为上、中、下等。个把小时即可打成一双，物美价廉。可惜我没留心，未能记得打草鞋的工艺流程。

第七篇　千人共个麻雀头

烘炉，先人传下来的宝贝。土窑口，瓦钵大小形状，上有半弧形手柄，耐火保温，内装火木灰，冬季伴手取暖，也作暖床之用。乡村人家多用高沿木质板床，一张竹篾垫，几乎几十年未离过床。入冬前，家家户户趁着好阳光，将当年品质上好的稻草反复暴晒，稍加整理，以大半床沿的高度，置于竹篾垫之下。冬季脱衣上床初时，冰冷的程度可想而知，以身体的热量温暖之后再入睡，先将烘炉置于竹篾垫与盖被之间加温，自然是烘炉的另一妙用。

当年的盖被，多是"布衾多年冷似铁"。趁天好时，外婆将棉絮多晒。被套洗净后用米汤上浆，晒干爽再用时，明显感觉暖和一些，且有米香味，稍显硬邦，却是一种清爽的感觉。老了更有感悟，几十年来，无论条件怎么改善，我使用硬板床的习惯坚守如初，常被人挖苦为老土。直到近年中医学才反复强调，硬板床有利于腰椎健康，清火明目，安神降压。得了先人宝贵的传承，还以为自己是脱不了土气。

外婆的子女都在城里工作，大概是轮班，每年总有人在冬季带回一篓栗炭，用坚硬的板栗树烧制而成，十分耐火。

不知从何时起，每天早上趁外婆不注意，我偷偷地抠出一小节，埋于我烘炉的火灰之中，再到小伙伴中炫耀，我的烘炉保温时间最长。有一天我刚偷得一截栗炭，小表妹也将小手伸入了炭篓，我伸手拍打了一下她的手背，小表妹收回了她的小手。偷看了一眼外婆，正在灶前忙事儿。当时的我也没有恶意，瞬间的反应，大概是两个人都拿，篓中不多的栗炭很快就没有了，小表妹也是整天地跟着我，可以跟我共同享用！

夜里下雨，我和表妹分坐外婆身边挤烘炉。外婆给我们讲了一个《千人共个麻雀头》的故事：朱天子刚起兵之时，大军断粮，只剩下一只麻雀头。取大锅上水，以麻雀头煮汤，官兵每人喝一口，士气大振，后得天下……送我进被窝时，外婆在我耳边轻轻地说了一句："明天早上妹妹拿栗炭时，你不要像今早那样打一下她的手，她也是个小孩儿！"

五十多年过去了，外婆在我犯错当时"选择性无视"的处事技巧，随后再用历史故事循循善诱的育人方式，用她的睿智、善良、公平、大爱，潜移默化地影响着我，让我终生受益不尽！

第八篇 / 山里的传说

夏天太阳落山以后，待鸡鸭进了笼，外公用竹枝扎成的大扫把，三下五除二地将门口半平半坡的地面扫过一遍。天刚黑时，又将他在屋后沟洗澡用的水，似是均匀地浇洒一遍。水洒下地，卷起大小不一的灰圈，走近了，还感觉到一阵热闷且带着汗味的气息。

晚饭后，外公搬出木质的竹床、两把没有了椅背的木椅。竹床原是指竹制的小床，木制同型的小床也被统称为竹床。椅子是用当地山上的小松树干做的框架，杉木做的板，镶以定式的木雕花而成。用的时间久了，椅背常有破损脱落，剩下来椅坐的部分习惯上叫作"秃椅"。

我和表弟妹，习惯性地挤往靠大门口近一些的木竹床的一头。一是害怕屋后沟有传说中的豺狗钻出来吃小孩儿；二是外婆多坐在这一侧，用她那把旧得用布条包了好几次边儿的蒲扇，给我们扇风驱蚊。

外公总会找来几只未完全干枯的松树枝条，用稻草以编辫子的技巧裹满松树枝，一人高的长短，名叫烟把。为了节约火柴（老人们叫洋火），多取灶中带有火星儿的草灰，引燃烟把的一头，再在烟把上撒适量沙土，闷烟多，燃速慢。上驱蚊蝇，下赶虫蛇。

外公总是把他的秃椅放在外侧靠后沟的半坡上，隐隐有看护一家老少之意。他生性好动，极少落座，每晚总是要在上下湾走动个两三遍。偶尔落座，说话时喜欢对着天自言自语状："初三初四蛾眉月，十五十六月团圆""天上多少星，地上多少人"……遇有邻居路过答话，喜欢预报天气："天闷定有雨，风凉大太阳。"云云。也曾问过外公，为什么一定要初三初四才有蛾眉月？天上到底有多少颗星星？答说："这是天上玉皇大帝管的事！"还带有几分神秘地补充："这是天机，凡人不能看透！"

第八篇　山里的传说

有一桩事倒是肯定的。每当外婆收拾完碗筷出来乘凉时,外公一定是不再多说话了,似乎是信心不足。外婆从来也是懒得理他,坐下后,梳拢好早已花白稀疏的头发,往脑后盘成一个圆阉,用铜质的簪子固定,土话叫"扎阉"。她曾随口说过一句,那个铜簪,是她从娘家带过来的,从来没有离过身。月夜乘凉的时候,吵着外婆讲故事,是我和表弟妹们最期待的精神大餐。外婆讲故事总是轻言细语,娓娓道来,绵绵不绝。

月圆时,山区的空气通透,看月中深浅轮廓甚是清晰,那是月中的山水,左侧有一棵桃树,还有一只猴,每晚都来偷吃一颗桃,是仙桃树,摘了又长,吃不完的那种。月中的嫦娥大姐,本是人间的村姑,长得好看又善良,多行善举,功德圆满而成仙。玉皇大帝在月亮上修了座宫殿给她住,勤劳习惯了,在月亮上种了桃树。如果凡人能吃上一口,也可以长生不老。记得表妹问过,我要是也能飞多好,可以到月亮上去摘回桃来跟奶奶一起吃。外婆说,那等你长大了,就要多做好事,做个好人,如果有缘,兴许会的。

原本女子都是很聪明能干的。古时天破过一次,还是一位娘娘用石头补上,才有现在的天地。后来有一皇帝骑马巡视天下,见田间有一女子在插秧,一时兴起吟出了一幅上联:"慢慢插,慢慢插,你每天能插几千几百几十下?"女子答说:"慢慢踏,慢慢踏,马每天能够踏几千几百几十下?"皇帝好奇,讨口水喝,举杯一半问女子:"你可知道我是举杯还是放杯?"女子双脚在门槛里外各放一只:"你可知道我是出门还是进门?"皇帝大惊,亮明身份,以答谢茶水为由,赐给女子"肚兜"一件。自此之后,世间的女子便都被"肚兜"迷了心智。

农夫家贫,为给父母养老送终,借钱负债,未敢娶亲,替人帮工度日,天天早出晚归。日久,一衣破貌美女子,说是逃荒,求收留。女子进了家门后,将寒窑破屋收拾得干净利落,汤菜可口,纺纱织布,日夜辛劳。眼见日子过得兴旺,一道士入村,说是狐狸精入户,鼓动村民拿起棍棒将其驱赶。女子临行时告知,自己本是狐狸精不假,但并无恶意,只为了来报前世被农夫搭救之恩情!后来,村里人每说起这段故事时,都是怜惜之意!

第八篇　山里的传说

皇帝残暴，误信女子误国的邪说，每晚招纳一名女子，次日杀害，国人恐慌，避之不及。一才貌双全女子自告奋勇，每晚对皇帝讲一个故事，精彩之处戛然而止。皇帝下令明晚听完故事再杀，夜夜如此法，日久天长，皇帝再也没有乱杀无辜了。

……

上大学时，我才惊讶地发现，女子以才智和大爱阻止暴君滥杀无辜的故事，来源于阿拉伯名著《一千零一夜》。宣统元年出生的外婆，从来就没有走出过大山，怎么也会知道这个故事呢？至今仍然是个不解之谜。

第九篇 / 祖上与棉纺车

山村人家有一进三重的堂屋,一定是大户人家。我所见时,第一重堂屋已不存在,但大门前开阔又相对平整的场地,明显有原来堂屋的痕迹。现有两重堂屋中间,有一个天井,屋顶结构为四周往中间汇水,两三平方米的天窗,采光通风。天窗下方为天井,周边石条起沿,有暗渠外通。我曾放养了一只乌龟在池内,数日后不见,曾试过找到出口,未有结果。

叔外公和我外公家各用内外堂屋,左右两侧各有五六间厢房。从外婆口中得知,祖上原本贫寒,有幸娶得贤惠又能干的女祖,进门后,张罗一家人开荒拓地,种植粮棉瓜果,又换取四邻八乡的破旧棉衣棉絮,重新整理,弹成棉花,纺线织布,辛勤劳作,因而积累成三重堂屋的大屋和数十亩田地的家业。村里人传说,此屋风水,女胜于男,应是源于此。

第九篇 祖上与棉纺车

我外公对外婆的敬畏,在那年代极少见,大概也是这风水使然。

外公是个闲不住的人,十八般农活儿样样都能说出个道道,但并未被村里人认可是种田的顶尖好手那一类,我也确实未曾见过他赶牛犁田。但这并不影响他一生无数次的"高光"表现,又总是被村里人津津乐道。

年轻时,他俩兄弟到镇上赌钱,钱输光了,还把弟弟人也质押给了赌当。曾外祖无奈,以地契换回了我的叔外公,家道从此中落。解放初,划分家庭成分为"中农",跻身"贫下中农",躲过了成为"地富反坏右"的一劫。

刘邓大军南下,他见到过在村里驻扎数日、骑高头大马、戴圆形眼镜、身材魁梧的大首长,积极主动"支前",送茶、挑水、带路、义务放晚哨,拥军积极,讨得好感,终于将长子送到了队伍上,迎回了村里最早的"军属光荣"牌匾。

新中国成立不久,国家号召进城搞基础工业建设,随着农民进城的队伍,外公无意中又成了武汉钢铁厂挖地基的奠基人之一。可惜的是,1960年的灾荒,我的姨饿晕倒的事传到他耳中,他又偷偷地跑回村,不然他也会享受几十年"工人阶级"的荣光。后来,每谈及此事,他也只是微微一笑,并未见有后悔的神情。

正是因为外公有这么多的"高光"表现,日后他常在村里大声抖抖见识,倒也总是能赢得不少信赖的眼光。用今天的话来说,我外公应该叫作"复合型人才",虽然专业不精,但目光远大,与时俱进,总能先人一步!

除了"双抢"时节到稻场上忙几天,偶尔菜园子被猪拱了,在村口喊几句通用的"村骂",外婆就是操持家务。外公称呼我外婆,当面叫"他妈",对外人称"屋里人"。虽然封建色彩浓重,倒也有几分客观。打扫庭厨、缝补浆洗、养鸡种菜、一日三餐自是外婆每天从早到晚的必修课。

记忆中每天早上,米下锅开始煮粥的那一会儿,外婆让我确认灶膛中土壶里的水冒直气了后,用火钳夹出土壶,吹去灰尘,小心打开壶盖,倒入早已缺了半个壶嘴的青花瓷壶中泡茶。茶叶是生产队留给每户两棵自留茶树上采摘下来的,

第九篇　祖上与棉纺车

好像春夏季节都有采摘，秋茶是好喝摘不得，外婆亲手在铁锅里炒制，属于粗茶无疑。到我也年过半百后，才似有所悟场景是：每当泡茶时，外婆总让我去后堂屋，喊叔外婆来喝"酽细茶"。叔外婆每天喝完茶后，都要说上一句："姐，好酽细茶！"她两妯娌原本是堂姐妹，娘家来人时，都叫她俩五姑、八姑，这在老一辈中是很常见的，还美其名曰"亲上加亲"。

除了夏季乘凉，每晚煤油灯下纺线，外婆很少错过。棉花的来源，少许是破旧的棉絮、棉衣裤。多半是集体种的棉花，摘过籽棉以后，把那棉秆分到各家各户做柴火，放置数日之后，少数未曾开过的棉球爆开，再细心收集到的。

制作过程先是要弹棉花。请专门的弹花匠，用一根弧形长木为弓，上硬弦，背后以粗布腰带向上扎一长形竹板，从头顶向前半弯曲，以斜拉索吊住长弓的中心点。左手扶弓，控住弓弦的位置与方向。右手握住木制的"砰"，形状大小如保龄球瓶，只是底部起了一圈的弧沿，以"砰"拉弹弓弦，使弓弦震颤，"砰！砰！"有回荡之声。以此将棉花原料弹至膨松均匀，再以手工拉扯搓揉成条状的棉条，算是第一道工序准备到位。

竹木结构的纺车,以右手摇竹轮带动前方铁质梃芯转动,左手将棉条的一端固定到梃上后,通过木轮的摇转,控制好牵出棉条的分量和速度,即可将棉条纺出一梃一梃的棉线来。

大门内一侧放的是一架"南京",就是小学课本上有象形图的织布机。只是我一直没有查到大别山的土语中,为什么把织布机叫"南京"这样一个读音。记忆中对外婆织布的印象不深,大概只记得个从经线上下交替的缝隙中,反复穿梭织入纬线。在那个使用"布票"的年代,有自织的土布,应该是难得的计划外指标!待我稍长,不知是洋布的冲击,还是外婆的体力不支,纺线织布的事,外婆逐渐地没有再做了。但那弹棉花时"砰、砰"的声音,纺线时煤油灯飘忽的火花,记忆中从来就没有淡忘。

大前年春节后,家乡的旧友带来一张床单和两件衬衣,就是那种稍加精细纺织的土布,贴身穿过以后,不再想更换,说不出的舒服。此后,我还专门让老家人帮忙以五元钱一条的价格,在县城一次性买回棉布内裤三十条,至今还是天天穿在身上。在阅历了从"的确良"到混纺高端的洋布之后,才能真的体会到那土布的温馨与舒适,大概这也就是循环即时尚的缘故吧。

平凡的那些琐事 /第十篇

　　我外公是侄子过"立"的身份,即晚辈过继给上一辈兄弟之间的另一房为后人。他的同胞弟弟,也就是曾被赌博输出去的那一位,留在了中湾的老屋,生活很是艰辛。他家的叔外婆,隔三差五地在灶膛生火时分,来我们家灶膛边转悠,一只手一直放在抹兜的里面不拿出来。外婆会意地拿出盐罐,用那只只剩下大半边的长形贝壳做的盐匙,在盐罐边倒腾几下。叔外婆迅速把放在抹兜里面的手伸出来,拿的是一只泥制的酒杯,接住外婆铲出来的两匙盐,迅速放回抹兜内,慢慢转身离去,妯娌间都不曾说过一句话。

　　油勺,是用一根铁丝状的手柄,下端是拇指面大小稍有凹状的铁片。外婆有次自言自语:"别人家的油勺面儿都是平的,只有我们家的才凹进去一些!"放油的"秘诀",一是锅不能烧得太热，二是沿锅中部边沿快速地转大半个圈，让油勺和锅面均匀地接触，只能有稀疏的几条滑向锅底的油线。

柴火珍贵。大人们说，山区本不缺少草木，"大炼钢铁"时，山上大一些的树木都砍了炼钢铁。山上长草的地方土质较好，又多被开垦成了农田，所以柴火变得十分稀少。外婆常说，我们家的灶口比常规的要窄两片瓦的宽度，节省柴火。灶壁上的洞窟，专门用来放"洋火"，可保不受潮。村里哪家先冒烟儿，相邻人家多是带一把干稻草到他家，从灶中取一捧火灰回来，引着自家的柴火。刚生火时，"火要空心，人要真心"的谚语，外婆念叨了不知道多少次。

二十多年以后，城里机关办公楼靠用火盆烧栗炭取暖。每天一早，新入职的年轻人要将火盆搬至楼顶，用一大堆引火柴生火，烟尘弥漫，半个小时还未必烧着。只有我就在办公室里生火，一个旧的信封做火引，微烟无尘，几分钟炭火旺盛。出差前，欲告知岳母煤炭炉封炉过夜的办法，几十年烧煤炉经验的岳母不屑一顾，返程刚进门时，岳母的第一句话：你们家的煤炭炉真的是跟你姓了！

第十篇 平凡的那些琐事

婚丧嫁娶、邻里纠纷,这是村里的大事。村里凡有老人过世,主家必会来人向外婆报个信儿,十分恭敬地听外婆吩咐如何如何……外婆料理一阵子家务,估摸着时间点前往那人家。每次踏进过世老人的家门时,总是早有几位同村的婆婆、媳妇已先到,等外婆喝下一口茶水,就围到了过世老人的周边,由外婆开嗓子领哭:爷(奶)啦!你不该走的太早哇,一生做完畈上又做屋里的事,还有享到福就走了喔……接下来婆婆媳妇们,按照同一语调和节奏,哭诉逝者生前的种种辛勤与恩德……此起彼伏悲凉动人。前来送别老人的亲友邻里,伤心备至,无不落泪。曾与我们家有过节的一位老人过世,外婆也一样地去领哭,我不解地问外婆:"为什么这个人过世你也要去领哭?"外婆说:"同村是祖上有亲,人死怨消,要多记得人家的好。"稍长两年,我细听外婆那些领哭的内容,都是对逝者生前点点滴滴言行阅历的尽数追述,再加上站在逝者家人的角度上流露出的情感,真的是催人落泪的人生悲喜剧!著名的楚剧,就是由哭丧调演化而来的,至今仍在民间有其旺盛的生命力。

婚嫁的重要性自是不言而喻。20世纪60年代,虽然推行了婚姻自主,但父母之命、媒妁之言仍然起着很重要的作用。过了十来岁的小村姑,都要在母亲指导下学习做针线活,十七八岁前后,大多要来我外婆这里讨教。一般水准的要求是,针脚匀直、细密整齐,增加耐心即可做到。用红、绿色的线,在手绢、鞋面、鞋垫上绣花则是必须要认真讨教的科目,得了认可,方能作为信物送给未来的婆家,用以判断准"新大姐"针线的品位。外村的准"新大姐"送来的针线信物,如能够得到我外婆的肯定,准公婆家一定会高兴好一阵子。

我堂舅到了认亲的环节,堂叔外公仍有些犹豫,说儿子那对象手脚好像粗糙了一些,来向外婆讨个主意。外婆轻言细语,慢慢道来:"针线倒是粗了些,但人长得壮实,做得生得;晾晒衣物时,自用的毛巾放在竿尾,堂舅的衣服放在中间,堂叔外公的衣服放在竿头,做事粗中有细。"堂叔外公微笑而归。

前村新屋落成,主人家难得做一次五花肉焖糯米绿豆饭,开锅后发现锅底已焦煳,男主人责怪,夫妇大吵一场,双方来外婆家讨个情理。外婆说:"做新屋人多事忙,小差错难免,莫要因为这些小事吵架冲了喜气。焦煳的锅巴,加水熬成粥一样的香口，以后如不想出现锅巴焦煳，小些火慢些煮即可！"夫妻言和。

"天上雷公，地上舅公"，娘舅坐首席是历来传承的习俗。上村一家给小孩办周岁酒，小孩的娘舅自然地入坐了首席，可小孩父亲的娘舅当天也来道喜了，见状大骂小孩的娘舅不知轻重，差一点还动了手脚。宾客聚议也说不出个公道。小孩的母亲，急忙直奔向正在菜园中的外婆。外婆回说："你回去请老娘舅让一回，就说小孩他爸满月时他已经坐过了首席，过去县官审案坐中堂，王爷到场也只能落侧坐！"事情自然而然地解决了。从此，再出现类似的纠纷，村民们也常常照此理推断。

村里的一位姨，出嫁后回娘家，先进了养母家门。其在上村的生母站在岗头上以"村骂"的方式讨情理。外婆说，养母要比生母大，你有什么可骂的。邻里纷纷称是，那生母也就回家烧开水去了。

……

大学课堂里的辩论会,"母亲与媳妇同时落水先救谁"这一千古谜案,几番口水之后,自然又无结论。受外婆的影响,我脱口说出了"先救媳妇",因为她是更年轻的生命!辩论现场沉寂了一阵子后,对方起身向我表示了敬意!

又若干年后,我分管一地的医疗卫生工作,务虚会上,有人提出难产时母子先救谁,我拍案而起:母亲已是鲜活的生命,怎是一种预期可比!与会人员感叹:此老虽非专业,却有人间大爱!

知书与达理 / 第十一篇

祖辈大亲房的男老人中，识字的只有三个半人，我外公肯定是不在这三个半人中。这在他同时代的人中属于绝大多数，故而从来就没有影响过他的自信心。

每年开春后，浸泡谷种，麦地锄草，放水开犁……总是他催着生产队长早一点派工。常念叨着"一年之计在于春""清明前后，种瓜点豆"等谚语，一副很有责任感的样子。

其实，他的主要分工是养生产队那圈里的大小十来头猪。一天喂三餐，比他前任做得更让队长放心的是，猪吃的米糠饲料都要煮开过，说是猪吃了不容易患病。最让村里人高兴的是，他义务在猪圈后面的荒地上开垦出了一大块菜地，以猪圈里的粪水发酵之后做肥料，用到菜地里，种上了一批包心菜、南瓜等，采收时，每家还能分得几个。外层老菜叶、根、藤，也能给那十来头猪改善一下伙食。每年生猪年终"上调"给国家时，只有我们小队偶尔才能出一两头达到两百斤的猪，给集体挣回不小的面子。当年那种本地黑毛猪，个小肚大，生长慢，但口感、香气极佳。今天市场上的这种"黑毛土猪"已极少见，价钱却要普通品种的两倍以上了！

春节前是外公最忙的时候，各家自制豆腐的点卤环节，多数要请他亲临指导。打糍粑时也常有他的身影，指导后生哥扎进的木杠一定要顺着前面木杠的外沿扎下，相互而为，彼此才能省下很多的力气。偶有宰猪，刮毛前的吹气是关键环节，从猪脚处切开一层皮口，屠夫轮班以嘴向里面吹气，使猪全身吹得像个气球一样鼓起来，再扎紧切口以开水淋过之后，方好刮毛。外公最内行的是协助吹气前的准备工作，用一根长长的铁条从切口处顺着皮下脂肪层通向猪全身的各个部位，目的是高效地引导吹入的气流走向，事半功倍。

捞鱼是每年只有一次的事情。春节前，生产队集体的水塘，先以手动木水车抽去大半的池塘水。木水车，是当年常见抽水用的农具。一条长型水槽中间,以可转动的木节轴,将几十片与水槽相吻合的方木板等距离相连,成闭环状。水车头置一横轴,两边有耳梃。专用的把手,一米来长,握手的一头以榫卯装上的横柄,另一端装有铁环,土名"镐特儿"。以"镐特儿"成环形转动横轴,带动均匀相连的方木板,将低处的水带往高处。生产队组织拉网,捞起放养的白鲢、胖头、草鱼等家鱼,按等份每户分得大小不等的三两条鲜鱼,拧稻草为绳,穿过鱼嘴的边沿儿,拎回各家。没有记起来集体的鱼是否有像上交公粮一样地上交"公鱼",也可能是山区水少,没有上交"公鱼"的任务。

精彩的环节是村集体起完网以后,村里的男劳力们各显神通,以自制的大小捞网、竹筐等工具,从半泥半水中捞起"漏网之鱼",多为鲫鱼、马口鱼等野生小个头鱼种,偶尔也能捞到"脚鱼"、黄鳝等,但这些当年都不值钱。外公年纪大不便下水,用比别人更长的杆扎捞网,并善于抢占有利地形,每年多少总能够有些"可观"的收获。在大集体的年代,这是我记忆中不多的自留口粮、自留菜园、自留茶叶树外,村民又一难得的捞自留鱼的机会。

冬季少雨水，干塘之后，便是集体派人用一种半边竹筒状的长柄木锹，靠臂力和腰力，将塘底的泥，一锹一锹地甩到满水线以上的塘埂上，风干爽后，是来年春耕最好的底肥。

一般情况下，外公都是早睡早起。除了夏季晚上乘凉，多半是天一黑就上床睡觉，五更天一定起床，且已习惯了在全村上下"巡视"两圈。生产队长偶尔醒得稍晚，必定是他高嗓门催醒队长赶快派工。村里如有人需早起赶路的，在那没有闹钟的年代，头一天跟外公说上一声，几十年来没见有误过时间点的。村里人经常半开玩笑地说，我们村几十年没闹过贼，是因为贼一半怕狗，一半怕我外公。

看戏，那年代主要是各个大队文艺宣传队自演的八大"样板戏"，即人们耳熟能详的《红灯记》《白毛女》《沙家浜》《智取威虎山》等。能否被认为是全大队最好看的"姑儿"，关键指标是看，能否在大队文艺宣传队扮演《红灯记》里的李铁梅！

各大队偶尔也放电影。两棵树干中间挂上银幕，公社派放映员，放映机是主场大队派人去公社抬回。影片多是《地道战》《铁道游击队》《南征北战》等几部,反复轮回来放映。看电影也被老人们统称为"看戏"。

每次看戏,村里老少自动围绕在外公身边开展集体活动。一是外公定会义务准备好路上照明用的"烟把",且深谙"前照七、后照一"的道理。二是他主要精力是招呼回程,村里不能少了一个人。因为他听不懂普通话,所以从来也没有认真地看过一次戏,但戏后别人的评论和复述他都会用心地记住。

当年还有一种"说书",就是人们熟知的"湖北大鼓"的一种土语版,外公倒是能静心地倾听,因为他深信世间万事书中有。他的知识来源大概主要也是从这些"说书"和"看戏"中获取的。

外公是村里为数不多,偶有机会去武汉或县城走一趟的人。村里人多次问他:一字不识,到城里,怎辨男女厕所?他总是笑而不答。但私下里偷偷地告诉我:他们是个"苕",到厕所门口稍等,跟着别的男人进去不就是了。其实那两个字我也认识,男同志的厕所字笔画多一些,女同志的厕所字笔画少一些。有一次外公一时兴起,考我:大字底下一个多是什么字?高中生的我目瞪口呆。虽然我能猜到外公是从说书中记得的,其实他也并不认识,因为连"大"和"多"他也不会认识,但我还是很高兴。在他晚年时,我曾在村里宣布:我外公能认识三个字。他笑而不语,看得出来,他还是有几分得意!

平时,外公喜欢背着双手,用说书人那种半说半唱的语调,反复念道:"有志不在年高""甘罗十二为丞相""宣统三岁当皇上""前头军师诸葛亮,后头军师刘伯温"……村里人像我一样,也都能耳熟能详了。

刚解放那会儿,前屋人家被划为村里唯一的地主,在无休止的"批斗"中,艰难是可想而知的。其次子十来岁,按辈分我应称呼为二舅,常独自一人坐在田埂上哭泣。周边无人时,外公总是会偷偷地塞给他一个半个红苕。村里人去看戏,或准备进山砍柴火时,也总是叫上他同行。偶有人欺负他是地主家的儿子,外公总是以"小孩无错"挺身相护。每次安慰他时,外公也是反复地念叨那句应是听说书时记住的:"万般皆下品,惟有读书高。"直到他以优异的成绩考学出去,再就多年未见

第十一篇　知书与达理

回村。

直到20世纪70年代末,政府满天找知识分子,从县上传来喜讯:我们村出了一位大知识分子,早期代表国家支援非洲的农业专家,就是那位当年独自坐在田埂上哭泣的少年。由公社和大队的干部陪同,风光还乡。进村后,二舅过其家门而不入,背着大包小包直奔我外公家。外婆匆忙拿出床底泥罐中的鸡蛋,合着从大队换回来的油面煮了汤吃。村民们闻讯,也都用手绢包来三五个鸡蛋或一些花生、蚕豆,来看望多年未归的本村大"秀才"。喝过茶水,二舅说过一番国家改革开放政策之类的话后,当众打开了带回的包裹,拿出两包糖果,与众人分享,又拿出村民们未曾见过的衣帽、副食、冰糖等大半的礼品塞入外公之手,再拎起剩余的部分回自己家去。二舅的母亲对此并没有半点责怪。有人问起怎不先回自家门时,老人一口一个:"先去他大伯家,应该的!应该的!"此后数十年间,回村探亲的二舅,多是如此顺序。村里知其前因的老人们,也以此教育年轻人:要用心读书,知恩图报!

未曾识字的外公,真的说不上是"知书",但用他的勤劳和善良,用他对人生最质朴的理解,演绎了他那一代人的"达理"!

外公外婆和我魂牵梦绕的家

不该砸了的那陶罐猪肉汤 / 第十二篇

槽门后屋的一家两兄弟,被晚辈们称为记叔和德叔。早年记叔成过家,育有一子,其妻早亡。德叔自幼双目失明,父母过世后,随其兄记叔生活。

虽然双目失明,不便出远门,但德叔理家的能干,比一般的家庭女主人并不差太多。除了到村前的井水中提水回家时,需要以拐杖探路,在相邻十来二十家的范围内走动,连拐杖也是用不着的。凭着记忆和重心放在后脚跟、前脚尖点地的方式前行,德叔早已用得纯熟。洗衣服是到水塘边,摸着那个几乎是他专用的平顶的石头,先用"皂荚"在泡过水的衣服上涂抹一遍,再将衣服拧成条状,用木棒锤反复敲打,再抖开浸水,反复几次就能干净。

后山半坡地上开菜园子,德叔也是靠着其不厌其烦地编些狐狸精的故事,哄着包括我在内的小孩,帮他捡来大小不一的石头,围成勉强可以防猪、牛的围墙,以山边的草渣和屋后沟的污水为肥,每年也能种成南瓜、丝瓜、金豆子之类相对易生长的作物。其中,还发现了头年季节过后没有砍掉金豆子的枯枝,第二年春上依然能自行再生枝叶,结子如初。

德叔家与邻家共用的堂屋中,有中湾唯一的石头"碓"。把较大的石臼安放于地面,离两小步处设一对木叉,支撑一根较粗横木,再以长方形木板从中间榫卯孔中垂直穿过,靠石臼上方的一头装上石杵,另一头对应的地面处挖一坑,用脚踩下,利用杠杆原理,橇起前头的石杵,松脚让石杵顺势落下,冲捣石臼中的谷物。常用于稻谷、小麦、豆类的去皮、碎粉等加工。操作的关键环节,一是趁石杵抬起来的极短时间,迅速伸手绕动石臼中的谷物。二是用脚踩踏木板尾的节奏和轻重不得出现变化,否则砸伤人手在所难免。盲人眼不见心不烦,静心做按节奏踩踏板的事,确实还无人能及。德叔常热心地帮人踩碓,为此获得了少许腌菜、苕果、南瓜子之类的回报。

德叔生火、做饭,除了动作慢半拍,也未见与常人有别。

第十二篇 不该砸了的那罐猪肉汤

虽然那年代的饭菜极为简单,这在明眼人想来,仍然是不可思议。最让村里人佩服的是,每当茶余饭后围坐在一起聊一些时事见闻时,德叔的发言也常比别人"进步",这自然是因为他更有心,也更多一些时间听有线广播。

因为离得近,我算是在德叔身边玩得较多的小孩,德叔还经常炫耀在我学会走路前,外婆出门时就把我送给他照看!太多的记忆中,最清晰的是:德叔偶尔说起,他儿时也曾见到过光亮!脸上流露出那种无法描述的神情……

记叔则是村里真正的农活儿高手。每天早上生产队长第一个派工,习惯性地都是喊记叔。记叔言语不多,中等身材而偏瘦。年轻时,他用四齿耙锄耙泥起沟,沟深线直,曾作为"农业学大寨"的示范项目。年龄偏大后,主要是用牛,他每天仍然拿12个工分的满分,全村人没有异议。

曾见过一次记叔对农活儿的内行、细腻程度。茅厕的粪池,发酵好后出肥,要将粪水送往田间,即挑大粪。两只高柄木质粪桶来装,百十来斤重,用硬木的扁担来挑,是社员晋升每天拿12个工分的重要标志之一。记叔告诉年轻人两个秘诀：一是用力的方式，要避免呈上下垂直闪动，应尽可能平稳而稍前倾地用力；二是起肩前要在粪桶的中央放一把小草或一两片宽大一些的树叶，名叫"符子"。这两点的作用都是避免粪水荡出粪桶，溅到人身上的尴尬。我后来在县城学校参加"实验田"劳动，刚学会挑大粪时，就表现得非常内行，还故意学着拉高了嗓子一路喊着"糊了！糊了！糊了……"，脸上不仅没有流露出不好意思的尴尬，倒满是"现在世界上究竟谁怕谁"的嘚瑟气。

用牛帮助种田人做人力难以负担的重活儿，应与铁器农具一样，是农耕文明最重要的进步标志。以我预估，干重活儿时，一头牛顶得上十几人的效率。犁、耙、耖，是田间最常见的铁木结构的农具。犁，现在仍然常见，将土地均匀地深翻，松土除草，并使土层均匀地接受阳光雨露，以补充其生命力。耙，用长方形的木框，平铺于地面，前后两排都有齿钉，耕田人前后脚踩在框上，往下将泥和水尽量搅拌均匀，多用于水田。耖，方形木框架，底边较粗硬的木条上，往下固定一排铁质的齿钉，上框边扶手，顺地面将犁翻的土块耖碎，常用于旱地。这三样都是要借牛拉之力来进行的。记叔用牛，

第十二篇　不该砸了的那罐猪肉汤

不仅功夫细腻,效率高,更重要的是能最大限度节省牛的体力。有的人用牛,鞭抽人吼,时常发生牛"困纤"的现象。记叔讲究的是深浅得当、节奏均匀、呵斥得体,用现在的话来说,记叔做到了人牛合一!

一次下雨天,正在我家右侧山岗边上吃草的黄牛,失足滑落深沟,四脚朝天,紧紧地卡于狭窄的沟内。队长带领十多人施救,有人说从牛头处推起黄牛,记叔说不可,那样会伤了牛的脊背。他找来粗壮的长绳,系紧牛的四肢,以七八个壮劳力,用长木杆抬移至平地。松开绳子以后,牛自然地起身,闻了闻记叔的脚尖,又自行啃草去了!

偶尔田间歇气时,社员们喜欢找些种田知识的问答题来开心。有人问:"我们天天用的耖和耙,各有几根铁齿?"众人哑口。公认为最有见识的生产队长和我外公,也只能说出个十几根。只有记叔答说,都是十五根齿,且进一步说明,耖的十五根齿摆成一排,耙的十五根齿前八后七。

后来机关干部讨积极,我报名争取下乡驻点,老书记笑我书生出身。我一时情急,拿出了这个故事,自己扮演了一回记叔,当说到耙的齿前八后七时,老书记吃惊地说了一句:"你还有点真功夫!"于是就有了我成年后,又到山里与农民"同吃、同住、同劳动"两年的阅历。

田畈上的功夫做得多,体能自然消耗得也多,更容易想一口油水。那年刚忙完"双抢",属稍闲的季节。记叔从自家屋后早年留下的半截旧屋墙处,搜罗出一些青砖,有长方形和扁平的两种,砖色青黑,还留有印记,应该是其祖上建老屋所用的。记叔分次挑往合作社,以不同型号2~3分钱一口砖的价格,换了几毛现钱。一天早上,他买回一些粗盐、洋火等日用品外,还罕见地买回来一挂猪肋条肉。回家的路上,他几次把那一挂猪肉拎高一些,前后看两眼!半下午过后,空气中偶尔飘过来那种极为诱人的煨猪肉的香味。

太阳下山,记叔收工从田畈回家。不多时,传出了记叔德叔兄弟俩大声并带有一些凄厉的争吵,"那就干脆都吃不成!"……"砰"的一声,腾着热气的瓦罐,被摔碎在大门口的石条上。邻家的几条狗迅速地扑上去,疯抢散落在地上的肉

第十二篇 不该砸了的那罐猪肉汤

骨,一群鸡鸭也围上抢食些碎肉末和已渗入沙土里的汤水……

几天后,我们才从大人的口中得知:记叔收工回家后,发现了德叔在他没回家之前,把头汤偷偷喝了一些的蛛丝马迹,大骂德叔不到畈上出力,还在家偷喝头汤!德叔不承认,百般辩解。记叔一时恼怒难消,赌气砸了那本来确实不该砸的瓦罐汤!

写这一段百十个字的记忆,我几次搁笔,泪湿沾巾。思绪的生涩,正是当年那幕情景的苦涩,和着我无数次记忆中的叹息!

……

后来生活条件逐渐见好。记叔的儿子娶媳妇那天,我正巧回家看望两位老人,到他家道喜,按规矩进门时高喊一声"舅娘",新舅娘却躲到大门旮旯不肯答应,原来新舅娘正是上村办小学时我的同桌!那些年适逢农村家庭联产承包责任制兴起,在新舅娘的勤奋操持下,家庭渐见兴旺,记叔也享了几年清福!德叔晚年享有集体的"五保",住进了乡里办的福利院,九十岁高龄依然健在!

第十三篇 / 游戏

　　白天各忙各的事,能凑在一起的同龄孩子不是太多。常见的游戏有"抓石子"。平常尽量收集一些指头般大小、稍圆、质地细密的石子,游戏规则是事先明确七子、九子、十一子等项目。石子一并握于掌心,抖手撒开,以手背停住其中一子作为引子,其余撒于地面,再向空中抛出引子,迅速地按一、三、五等既定数目,从地面抓起石子,反手再接住空中落下的引子。每一轮以最后出现失误者为胜。其关键点是抖撒石子时,要均匀有致地落于地面,方便按数抓起时不触碰到别的石子。

　　"跳房子"的游戏:先于较平整的地面,划出以同等大小方格,按"干"字形结构加一弧顶的象形"房子",共分为九格。从第一格买起,依次上升。将瓦片代表"钱",站在底线外,抛至所要购买的方格内,以单脚按顺序跳落于除了放"钱"

第十三篇　游戏

之外的所有方格，并捡回瓦片"钱"，又跳回到底线以外，即是成功。以最终谁能够买到更多的"房子"为胜利者。此游戏我较为得心应手，单脚跳的基本功练得扎实。初中阶段兴起一种"斗鸡"游戏，以单脚立地，以手抬起另一只脚，相互顶撞，以先双脚落地者为败。我一上场，就成为同年级中的顶尖高手，巅峰时甚至以一敌三、五而不败，充分地体现了自小玩"跳房子"练就单脚跳"童子功"的威力。

"打纸画""打油包""折飞机"之类的游戏，因香烟盒和纸张较为难得，始终未成为我儿时游戏的主要选项。"毽子"，用布包住一个铜板为底，中间缝上粗壮一些的一截鸡翅毛杆，再插上十来根公鸡脖子毛，十分漂亮，且运行的速度适中，方向好控制，优于今天市场上所卖的塑料毽子太多。因主要是女孩玩，我的水平也始终没有得到多少提升。"打玻璃珠""滚铁环""跳皮筋"的游戏，我在县城见过，但乡下并不流行，只记得县里的女孩"跳皮筋"的样子很好看。

二四八月的夜晚，常有让小伙伴们最兴奋的大戏，叫"咬尾巴"。年纪大小、男孩女孩都不受限制。因为我家的大门口较为宽敞，十几二三十不等的小伙伴，列成一列纵队，后者紧抓前者的后衣摆或腰绳不得松手。先由排第一名的"头"带领，用两只脚统一左右摆动为节奏，集体高唱"前夸夸，后夸夸，掉转头来咬尾巴……"（随后"头"就可以从任意一侧，转过身来抓最后一位的"尾巴"。最后一位的"尾巴"利用队伍的长度和摆动的限制来进行躲闪。被抓到以后，"头"就变成最后一位来当"尾巴"，原来的第二位升至为"头"。再来一轮"前夸夸，后夸夸，掉转头来咬尾巴……"）依次循环。参与的人多，机会均等，过程激烈，伴随着山里娃野性的叫喊声，很是惊天动地。用现在年轻人的话来讲，那才真的是叫作"嗨"。

相比而言，大人们的游戏则少得多。雨天不出工时，就凑在一起打扑克，也就只有"升级"一种方式，其竞争激烈的程度，比起后来兴起的"拱猪牵羊"要平和得许多。在田畈上歇气的时间，偶有兴趣玩一种叫作"顶棍"的游戏。以硬木扁担为道具，挑战者与应战者各出侧弓步相对，平直抬起手臂，掌心顶住扁担的一个端头，五指紧扣，用最大的力气将扁担顶向对方，以一方向后挪动了脚步或弯曲了肘关节为落败，胜者很有面子。顶棍高手还能为日后工分的标准提高和相亲时的面子，积累一些正面的说辞。

当年还有一两种因地制宜的游戏，"拖板车"和"打铁钎"。农闲季节，社员们都会有修水利的任务。我随大人们参加过一次县上兴建四级电站的水利工程。那场面可真叫震撼：全县几千上万民工，齐聚在几个山头之间，遍地红旗招展，高音喇叭震天响，"学大寨 赶十月""鼓足干劲 力争上游 多快好省地建设社会主义"的横幅，耀眼夺目，身处其中不能不让人热血沸腾。出一天工只是记一天工分，没有一分钱的工资，伙食各大队自行安排，住的是简易工棚，但所有的民工都有一种为国出力、为公社和大队争光的荣誉感，全工地始终洋溢着"比学赶帮超"的热血氛围！特别是年轻的民工们，这是难得的走出山村、增长见识、展现自我的机会，更是评个模范、戴个红花、看上或被看上对象不可多得的好机会！在这种环境下，两种明显带有工地特色的游戏应运而生。

一种单人游戏叫"拖板车"。装满泥土的板车，靠一条背带和双手，从山脚下同时起步往坡道上拉，看谁能最先到达百十米以外山坡上的目的地。比的既是硬力气，也要加上对路面上沟坎的判断以及选择的能力。这是当时最基本的一种劳动方式，十分耗损体力，更担心发生板车脱手意外。当年工地的伤亡事故，也多是发生在放炮、板车脱手、铁锤打偏等环节。后来条件逐步改善，在坡道边设置了牵引索，效率和安全系数增加了很多。

另一种是精彩的男女双人项目，叫"打铁钎"。本是工地建设中，在坚硬的石头上打炮眼的功夫。一般是女民工以半蹲姿势扶住铁钎，男民工以几层竹片做柄的大铁锤打击铁钎头。外行人只能看到挥舞大铁锤的雄姿，内行人知道，扶钎人松紧有度的力度和稳定，才是关键的门道。用于游戏时，既要看打炮眼的标准和速度，也要看舞锤人和扶钎人稍加夸张化的动作与身姿，有几分类似于现代体育竞技中跳水项目的评分标准，既看入水效果，也看动作姿势，要综合打分。优胜者基本上也都是施工工地上的劳动模范。巧遇组合是未说亲的一对男女，外人很难有再插足的机会。

打架本不是一种好的行为，山里民风淳朴，极少见到激烈的打架场面。我仅见过有三种形式的打架。一种是小孩之间的打架，大都是推搡几下，以一方坐地大哭而收场，我自己也胜负各有两次。起因细小，过程简单，激烈程度有限，故而记忆模糊。

第二种是每年抗旱时两个大队之间分配水源的环节，高处水渠开口的大小，直接影响到本大队分得的水量，无测量标准，目视和经验避免不了主观倾向，公社干部又多是和稀泥，因而不同大队看水人之间的打架，每年都少不了。围观过两次，都是在拉扯当中以一方落水、另一方迅速逃离现场而告终。未见真的动拳脚，更没见到有人动用锄头等器具的时候。类似篮球比赛中，一般犯规只能是冲着球去、不能对人去的规则。

第三种才是最具特色，让人无法忘怀的。村民之间出现了非要用拳脚解决问题时，一方出拳之后，另一方严重时会有流鼻血、眼肿，但不急，要先高声朗诵"人不犯我，我不犯人，人若犯我，我必犯人……"，之后再挥拳还击。对方不知是否被朗诵的气势吓到，或者是自知理亏，往往拔腿而去。未见再有死打蛮缠的打架，故而我将记忆中的那些打架统编于游戏一篇之中。

第十四篇 / # 婚俗

20世纪60年代，自由恋爱与"父母之命、媒妁之言"并重，但能包容互补，未曾听说十里八乡有书上说的为反抗包办婚姻以死相搏的故事。

我的姨，老长辈按古来习俗，有意把她说回外婆的娘家侄子做媳妇。姨不答应，在大队文工队与扮演刁德一的男青年自由恋爱，外公外婆也欣然接受。

当年未有外出打工一说，除了做水利、交公粮，年轻人出大队的机会极少，因而说媒还是很重要的一种方式。倒也未曾见有那种能说会道的专职媒婆，多是大人们走亲戚间，发现有合适的青年，临时兼任媒人。借到公社送公粮、供销社买日用杂货等机会，张罗双方有意无意地见个面。年轻人

第十四篇　婚俗

若无明确反对意见,媒人就都会以走亲戚的名义,安排各自到对方村里走一走,给老少一个参与见面的机会。这个环节往往半秘密地进行,但管事的家长一定会被安排见得到人。长辈们的发言权,实际上也主要集中在这个环节。因德高望重,我外公外婆经常在这个环节中被征求意见。我偷听得:壮实、红皮团圆、手脚快桑、灵星、要得等词汇出现的频率颇高,十之八九以后都能成事。

接下来就是很正式的环节,男方要委托家族内的长辈,带着两斤猪肉、数十个鸡蛋等礼物,向女方家里求亲。女方家也以"煮汤"之礼相待,且要请本村德高望重之人陪同说话,以示尊重。求亲得到的答复,如是女儿年龄还小、生辰八字不合等说法,即是婉拒。如是主要看女儿的意见、家里还没商量等说法,基本上是初步认可。虽然从来没人直说同意或不同意,但求亲之人听话听音,心领神会。如果是后者,求亲人再次上门时,基本上能得到"要得"的明确答复。求亲人性格爽朗的,此时亦可改口称"亲家"了,女方长辈未必马上答应,但也能哈哈一笑,算是半个回应!

再接下来就是隆重的"认亲"环节,即男女双方第一次上对方家门认识亲人之意。多以男到女方家为讲究:一块猪肉斤两要足,三姑六叔的礼节一个都不能少,以二三两红糖封的包、供销社购买的烤饼等最为常见,又以对江的大城市黄石市产芝麻冰糖馅的"港饼"最为体面。当年还未时兴烟酒,也未曾听有"彩礼"一说,但男方带对象到供销社买几尺"花细布",做一两身新衣裳,也是通行的做法。

嫁妆主要是睡柜、木箱、桌凳、脸盆、开水瓶、床上用品等,以共有多少挑、是否有大红花的搪瓷脸盆、多少床棉被、是否有绸缎被面等,判断女方嫁妆的体面程度。如是嫁到城里的,还要有马桶、梳妆台等。

"糊脸"是女方亲友表示"娘家有人"的重要环节。往往是趁男方派来抬嫁妆的亲友不小心,或刚挑起嫁妆无法回避的时间点儿,将已事先准备好的锅底墨、黑墨水、黑泥巴等污秽物,涂抹对方一满脸。抬嫁妆者必须无条件地忍受这种"羞辱",还得赔上一张笑脸。

第十四篇 婚俗

再一次高潮是接亲当天的"打撞"。新郎官及其同来的男方人,随时会被村里舅兄舅娘们仰面放倒在地,抓双手双脚拉起半空,前后摇摆,借力撞向头顶前早有人翘起的大屁股,反复数次,直到反复赔上笑脸求饶。如此"折辱",算是娘家人对新郎官打下的"杀威棒"。

女方离开娘家时的哭嫁,既有真情难舍,也是风俗程序的必然要求。多以哭声大小、长短,以及中间的哽咽程度,来判断哭嫁的水准。新娘子的衣着未见有太多的讲究,因为多是冬季办喜事,一件大红色的棉袄是标配。去往婆家的路上,也只有在接亲和送亲的几个人陪同下用脚走。老人们说,风俗上也是应该坐轿的,但自"破四旧"之后,好多年都再也不用了。直到我往县城生活几年之后,偶尔回村遇上办喜事的,才见有用自行车接亲。

到了男家村口,早有望风人通报主家人,燃放尽可能长些的鞭炮。我等顽童照例跟在"新大姐"身后,合唱着:"新大姐,做花鞋,爷一双,娘一双,小小叔儿两箩筐,尖嘴的姑儿冇得，躲在门旮旯哭三场……"，簇拥着"新大姐"进了新家门。此时，主人家必须向挤满堂屋里外道喜的乡亲们，天女散花般地撒一些糖果，在场老少各施本领抢糖果，算是最热闹的场景。

婚礼多由生产队长主持，引导新人向毛主席鞠躬，向父母鞠躬，夫妻对拜，或有加入一些热闹的语言，然后引入洞房。看热闹的村民们，向主人家说过一些道喜的话后，各自散去。当年还没有听说过有"闹洞房"一说。份子礼也就多少几个鸡蛋，也没有见到有几桌以上规模的摆酒席。虽然简朴至极，却从来没有听说过什么怨言，也没有为情理说些长短。新媳妇第三天回门的程序走完之后，无一例外地要在生产队出工，一切又归于到了既有的节奏当中。直到媳妇"有喜"，小孩出生办满月酒时，娘家人送来摇窝、虎头布鞋、高椅等小孩用品，且多是小孩外婆亲自来，才又会热闹两天……

回娘家 / 第十五篇

　　婆家的生活各有说不尽的酸甜苦辣，娘家却是所有出嫁后女儿们最温暖的领地。农家妇女除了像男人一样，每个月二十八天要出工做田畈上的农活儿，还必须承担烧火做饭、洒扫缝补、养鸡种菜、孝敬长辈、生儿育女的职责。不论是对现实生活一种暂时的解脱，还是对亲人的思念，妇女们农闲时选个初一或者十五回趟娘家，也算是天经地义的权利。

　　回娘家准备的伴手礼多是十来个鸡蛋、花生、蚕豆等，最好的是拿麦子到大队换两斤面条。只有娘家有重要的红白喜事时，经公婆同意才能够带上一只鸡或鸭。还要换上干净一些的衣服，早去晚回。娘家也要还一些应时节的瓜枣、苕果等做回礼，实在不应手时，也有将带去的鸡蛋、面条放回一半，以求女儿返回婆家时，不能失了娘家的面子。

多数的女儿回娘家,不会参与娘家那些家长里短的事。偶有例外,上湾一家,媳妇刁蛮,奶奶和孙女感情深。孙女出嫁后不放心母亲虐待奶奶,趁一次回娘家之机,做了一件出嫁前想做而不敢做的事情。午餐时,母亲反复寻找给奶奶专用了十几年、缺了半边的破碗,怎么都找不到。女儿说:"是我刚才把它砸了,怕将来你老了,我弟媳妇又把那半边破碗留给你专用。"虽然当时被母亲大骂了一通,出了嫁的女儿又打不得。但此后奶奶却用上了完整的饭碗,母亲对奶奶再也没有以前那么刻薄。

我外公有着一双典型山村农民的干脚,秋冬季节长,后脚跟周边会皴裂出一道道的裂口,奇痛难忍。祖上传下"狗刺油"滴脚是有效的解决方法。山上一种叶面带五根边刺的植物,枝干上会分泌出一种油脂,结成黑色沥青状小块,取回加热搓成小条状备用。但上药的环节非常讲究:按程序,第一步要确认满是裂口的脚面上,哪些是有痛感的裂口。处理方法:一是静观裂口内,是否有鲜红色;二是以手指轻按各处,外公发出"痛~痛~"的叫喊声,即可确认。第二步是将煤油灯移至近侧,加热狗刺油的一端,到欲滴水状,迅

第十五篇 回娘家

速而平稳地移至裂口上方，稍点指尖，让狗刺油正好滴落在裂口处。此时要迅速撤开煤油灯和拿狗刺油的手，因为外公一定会失控地抖动那只脚，还要大声地喊"烫！好烫！"，等脚刚放下，立马要趁狗刺油凝固之前，用手指将其抹满裂口的正上方压平，且尽量不要用力偏差，避免裂口外扩。一般每次要滴十来处。自我姨出嫁之后，我开始自然地要履行帮外公滴脚的义务。每次遇有操作不精细之处，外公总是要念叨，如果是我姨，一定会晓得如何如何把握轻重。有一次我不耐烦地说了一句："大人当然滴得好一些，姨又不常回，不如你叫舅娘帮你滴脚！"极少开口的外婆和外公同时骂了我一句："你是个苕！"当时不解其意，后来才知道：公公的脚，女儿摸得，媳妇是摸不得的。

前屋有位高龄的女老人，辈分上我还要叫她曾外婆。常在村中间的水井边晒太阳，每隔两个月就要自言自语地骂一通：那个没良心的，哪有那么忙！那个没良心的……听似没头没脑。村里上了年纪的人都知道，这是在骂她那已经 60 多岁的女儿没有回娘家帮她剪脚趾甲。每到这个时候，外婆就显得有些心神不安，她也要准备动身回娘家去给她的老母亲剪脚趾甲了！

外婆的母亲，慈眉善目，近百高寿，从未离身的古铜色木花拐杖，蓝青色圆沿茸帽，想象得出她稍年轻健旺些时，就是后来《红楼梦》电影中贾母的那个样子。本是大户人家，这从她母女都是一双精巧的"三寸金莲"，和我外婆知书识字的细节中就能得到印证。曾外祖母只生养了我外婆一个女儿，按老说法，这叫"金线吊葫芦"。我五岁以前，曾外婆住的还是宽大的长三间的老屋，门头高大，门柱、门板、倒楼，都是粗壮平厚、带有古色的那种木材。堂屋有平常人家的两倍大小，且屋顶装有前后两排的亮瓦。四周地面平坦，虽已成竹林，但依稀看得出在竹林外曾是围墙的痕迹。外婆曾无意地说过一次，大门右前方，稻场的外延处，是他们家老院子的大门。曾外婆家，解放初定的成分应该是比较高的。因只剩我曾外婆孤女老人一个，又加上她善良的为人处世，除了田产归集体，倒也没有受到什么批斗和刁难。我五岁那年，长三间的大屋，拆除了中间和右边的部分，砖瓦、木料被用作生产队建保管物之用，只剩下左侧一长间，外厨里卧。曾外祖母说起这件事："我一个百事都做不了的女老人，还要吃队上的五保，总算那两长间屋的砖瓦木料，给队上做保管物还有点用处！"语气中带有几分欣慰之情！

第十五篇　回娘家

记忆中外婆回娘家，外公几乎是不陪同的。据我观察，曾外婆向来不喜欢我外公，嫌他游手好闲，年轻时赌博败光了家产。我也曾亲耳听到，曾外婆与外婆在谈话的过程中，用"大苕"来专指我外公。我却是当年外婆回娘家时，不曾少过的跟班。伴手的鸡蛋是外婆精心攒下来的，面条是叫我拿麦子到大队换回来的，用竹编的菜篮装上，一路上我跟外婆可以换个手来提。十余里的山路，外婆总要带上那根深颜色的竹棍，一是做拐杖之用，二是传说疯狗怕深颜色的竹棍。半途有座叫太平寺的山，山顶像刀削的一样平。外婆说："当年争天下的军士，到达此山之时，天下太平。后人在山顶建寺纪念，故名太平寺。"几次说起想到寺上烧炷香，后来始终未能如愿。

山脚下一口水塘，长满了红心状、小圆叶、青绿色的水生物，土名"董大马"。皮肤上有抓伤破损之处，摘来贴于创面，消炎生肌。每次路过都要摘几片，有伤贴伤，无伤贴几片在额头、脸颊，冰凉冰凉的感觉。

行程大半，路过一户半山坡上的人家，外婆照例会放慢脚步,几乎每次都能见得到与外婆年龄相仿的女主人,出现在门口打招呼:"是五姑儿又回娘家了,进来喝口茶!"外婆说,"几十年回娘家,都从她家门口经过,人投缘!"

外婆"三寸金莲"的小脚,十多里的山路,总要走两个多小时。刚进村口,总有上了年纪的人老远地招呼:"五姑儿回来啦(年轻些的多叫五姐、五姑奶的)!'八大'等你好多天了!"在我们的土话中,把母亲或女长辈叫"大"是一种传统的称呼。进了家门,曾外婆多是那句:"回来啦,大昔冇来哈,小孩来了就好!"随即,从睡柜里摸出两个月前外婆带来的鸡蛋、面条,装上一土壶水放入灶中再升火。至锅边起小水泡,准备下荷包蛋时,灶台前的曾外婆,总是要对灶口处烧火的外婆说一句:"乖女儿,细一点儿火哈!"声音充满了慈爱!我听起来总有一种很特别的感觉!

天气晴好时,外婆总是要先煮一锅粥,多加一些水,以便米汤更多一些。拆下棉被托,到村前水塘洗好以后,用准备好的米汤浸一遍再拧几把,竹杆上晾晒干。上被托时,铺在小队猪栏用水泥抹平过的顶上,外婆从四周上线,我在中

第十五篇　回娘家

间打滚，舒服而放纵。

记忆中只有一次，外婆扶着曾外婆，上了几个小山头外的铺儿矶供销社，买了些针头线脑、洋油洋火之类的日用品，这可能也是曾外婆最后一次"上街"了。回程走到一个山头上时，曾外婆往左前方指了指，自言自语道："这边远处那座山的后面，是我的娘家，不晓得还有哪些人了，嗯……"

我五十岁那年，还了我几十年念念不忘的心愿。找到曾外祖母的坟，在坟前烧了一堆纸钱，又留下一些现钱，委托表叔修复坟前崩塌了半边的护坡！

第十六篇 / 社员

历代对不同的群体都有相对专用的称谓。山里的种田人可以归类为"农夫",但仅适用于文人笔下,且隐有贬义之意。生活中直接称呼、相互介绍等,似是无人直接使用。且"农夫"一词,也不能够涵盖占半数的农村妇女。

直到 20 世纪 50 年代后期,实行"人民公社"开始。"社员"一词迅速登上历史舞台,并可能成了人类社会迄今涵盖人数最多的一种称谓。原因:一是准确,中国的基层组织都成立了人民公社,所有非城市吃商品粮的男女老少,无一例外地归于公社名下,算来接近 10 亿人,被称呼为"社员";二是包含有国家主人翁之意,这对于千百年来生活在社会底层的人们来说,该是一种自豪感。

第十六篇　社员

社员的职责，是在公社的统筹下，从事农业生产活动，为国家贡献计划中的公粮，包含各地特色的农副产品，留下部分"口粮"作为生活之用。全体社员同工同酬，劳动取得"工分"，再以"工分"折算成实物分配。人民公社下设生产大队，再下设生产小队，大体相当于今天的乡、村、组的体制。

外公家所在的地域，背靠大林山，故取名大林公社。但各大队的名称却曾争执不下，谁都想要个积极的寓意。据说当时的公社领导无奈之下灵机一动，将大家普遍看好的：红旗、幸福、光明、建设、跃进等热门的名称，分别写在纸条上，来了个闭门抓阄，我大队的书记抓个建设大队。外公所在的龙井湾，因湾中一口龙井而得名，户头多人口多，上、下湾被分编为第一、第二生产队。再顺转分别将其余的湾编成第三至第七生产队。新千年时，我邮寄年节物品给外公，因不知多次改动调整后的基层区划，一时情急写了个"大林公社建设大队"，居然准确无误地寄到了我外公的手上。只是后来我回村时，多了一个人们茶余饭后的笑话。

工分的确定十分讲究，从1到12分，也有的公社实行10

分制,各有明确的对应条件。如得12分者,必定是青壮年满劳力,用得起开沟的四齿耙锄,扶得住牛拉的各种犁、耙、耖;得10分者,必须挑得起满担的大粪、满担的草头……日出而作,日落而息,中午有两个小时左右的午休,上下午各有十分钟左右的歇气,有专门的记分员做考勤。男女社员分工相对侧重又互有交叉,同工同酬。

还有一种按量计分方式为补充,我只能是参加这样一种方式的记分。捡谷穗,即大人们按割、捆、挑等程序收完稻谷以后,我们小孩再下田,捡遗落的谷穗,按秤论斤,勤奋一天也能捡到一两个工分。捡麦穗也是一样的道理。

捡猪粪则是我的主项。每天都有得做,有摸得十分高效的时间和路线。最为特别的是冬季雨雪天气,严寒难耐,但恰在此时,抢猪粪对手比平常少,我也自创了克服困难的技巧。粪筐是竹制的,土名叫"筦筦",三边围起十来厘米的框沿,一边留平口,交叉扭成的四角竹柄。捡粪锄的柄,一头穿过"筦筦"的扭柄,以手肘内侧托在锄柄中间,利用锄的铁头与粪筐的重量掌握两边平衡,左右手则可以交叉插于袖筒之中,是避免冻手的最实用技巧。散养的猪都是边走边拉粪,猪粪半个鸡蛋大小,间隔一二十厘米,七八粒呈不规则的一线。以粪筐平口对准,右腋下夹住铁头向下的锄柄,用右脚拨动锄口,挑粪入"箢箕"框内,再以左脚顶"箢箕"前移第二粒粪处,如此类推,全过程双手可置于袖筒而免受风寒之苦。只是耳朵很难躲过严寒,冻伤处,会结成一层壳,又痒又难看,好在当时这也算是勤快的一种标志。

猪粪积累到一定分量,送到小队去换成工分,可惜多少量换一个工分的关键环节我没记得住。后来听大人们说,山里人多地少,出产不多,年终一个工分,大概能折算成3-5分钱,算是中等偏下水准。

女劳力法定每月初一、十五可以不出勤,"双抢"时节除外。男劳力则几乎是全勤,但没有加班多记工分一说。上了年纪但手脚还麻利的妇女、老人,"双抢"时节也要到稻场出工,一天也能挣上三五个工分。

"口粮"是最大的事情。大别山区的农作物,主要是小麦、稻米、棉花、油菜籽等。每到粮食下地,"交公粮"不仅是社员的义务,更是生产队集体的政治任务,指标是必须完成的。但只有还能"交余粮"的大队才有面子,在"交余粮"的箩筐里插上一面红旗,干部和社员才都有风光的感觉。早些年大跃进,亩产水稻三万六千斤的浮夸风,到我记事的年代,已平静了下来,争取亩产千斤倒是个相对现实的目标。不过,这也是我到县城上学后,读报时知道有个叫袁隆平的科学家,研究出了杂交水稻,才听村里人说亩产真正上了千斤。

交完公粮、余粮后,留下分到各户的口粮,除去好的年成,常有不足用的。放开肚子吃饱米饭是一种奢求。远房的堂舅与人打赌,一口气可以吃下半斤装的八大碗米饭,豪情万丈。只可惜我在村里的年月,一直未能够见到他表现的机会!

好在丘陵地区,山上小片的地块和田埂上,种些高粱、红薯、大麦、豆类,可以补充口粮的不足。听大人们说,即使在三年困难时期,我们村也没有饿死人的现象。我的姨,饿晕在去稻场的路上,灌些米汤,也就醒了过来。这也是村里比较严重的事情了。

食用油十分缺乏，主要是因为地里种出的油菜籽基本上要交公粮。虽在困境之中，有土地，人勤奋，总会想出办法。用留下不多的油菜籽和不用上交的棉花籽，大队集中压榨，品质且不论，各家各户也会在夏秋季节分得几斤，每年大概也就三几斤的量。后来人们说吃菜油、棉油，出汗会把衣服染黄了，但凭当时人们衣着布料的情况，确实还没有这么敏感。

实在忍不住的一则笑话：当年缴公粮，虽然是天经地义的事情，但各大队还是偷偷约定俗成地占个"小便宜"，每年多用二季稻的晚粳谷上交公粮，留下的尽是一季稻的早籼谷作口粮。虽然早籼米口感干柴，晚粳米口感软糯，但煮成米饭时，早籼米比晚粳米要多出一两成的分量。既然国家没有明确规定，大家也就心照不宣。没想到，有一次大队书记回来传达全省三级干部会议精神，说广东省向湖北省发来感谢信：感谢湖北人民发扬共产主义风格，把好吃的二季稻的晚粳米调剂给广东人民吃，自己留下的是粗糙的早籼米。会后，大队书记还得意忘形地说了一句：广东人是个"苕"！我自己来广东生活了若干年之后，才发现自以为聪明的湖北人才真的是个"苕"！不过，时代不同了，口感和分量，哪一个更重要，乃另一个话题。

第十七篇 / 大队

当年山里农村的生活,是以大队为核心的。我所在的建设大队,有七个生产小队,成不规则圆形分布,大队部就设在圆心位置的山坡上。主体建筑是一间能站得下三百来人的会堂,主要作社员大会、演样板戏之用,坐北朝南,东侧配几间小耳房的办公室。大队干部主要有书记、民兵连长、会计、妇女主任等,整天忙忙碌碌。

背后的山顶分期挖平,先后建了五六间教室的大队小学。一侧的烤烟叶屋与教室并存了多年后才拆除,北坡山下不远处的砖瓦窑,现在我已经忘了具体的位置,只记得熄火以后很久,冬天窑洞内还是十分温暖的。

南坡下的机子屋,是社员们踏足最多的场所,主要有三个部分组成。面屋相对简单,之所以被称为机子屋的一部分,只是因为有一台摇杆的手动轧面机。工艺不复杂,将面粉加水揉匀,放入轧面机,摇动手柄传入动力,将和好的面放入滚筒滚撵之后,压出面条,再在太阳下晒干。虽并不太精致,但好吃。现在商场各式各样的面条,是少有能及的。原因一是当时使用的是粗加工混合型面粉,二是人工反复搓揉,三是必定要太阳晒干。下水不起糊,干净、清爽、麦香、筋道。其过程的关键是揉面的环节,看似简单,实则不然。水要分次逐步添加,每加一次要等揉匀之后再加一次,易于掌握水量,且能让面粉和水反复多次调和,发挥最佳效果。搓揉的过程,讲究慎力慢揉,似慢实快,理同于四两拨千金。如是一味地用蛮力,面粉也未必听话,人更难得持久用力。揉面这看似简单的力气活,实则是体力、技巧、耐心和经验的综合体现,故而民间早有"揉面看女婿"一说。

建设大队的面条远近闻名,主要还是因为出自三小队的一位老师傅,做的一手好油面。用大号泥盆,揉面时要比揉普通面多加少许水,揉至面团均匀,加适度的盐、菜籽油,再反复揉至柔软而弹性有度。放置少时,以让面粉、水、盐、菜籽油自行融合到充分状态，再搓揉成条状，迁至另一泥盆，盘成一层层的圆饼，再加适量菜籽油均匀浸润后，又以同样的手法，搓拉出更细更长的条状，盘于另一泥盆，反复数次。至竹筷粗细，迁出泥盆，均匀而紧密地缠于两根竹棍之间，抖动竹棍反复上下拉伸，至面条粗细合适，再上架晒干。扎捆时，为区别普通晒面常用看得见文字的杂纸条，油面专用染过红色的灯芯纸捆扎，显得珍贵喜庆，只是加工费比普通面要多两三倍。"龙井湾的糍粑 建设大队的面"，算是当年地方上的名优品牌。

榨油房最为震撼人，几口大号的炒锅，用平口的铁锹作为锅铲，不是能在生产队拿10个工分以上的好劳动力是使不动的。圆型铁槽，两米左右的半径。牛力拉动，以碾滚碾碎槽中已炒熟的棉籽。棉籽是包含在棉花绒中间的果实，黄豆大颗粒、炭黑色、壳薄，心白色而含油脂，炒熟碾碎时香味十足。偶尔趁大人们不注意，抓一把塞入口中，嚼起来油香四溢，口感丰富，但不能吞下。大人们都说，吃棉籽会拉不出屎来。木榨算得上是大队最重要的装备，合适的硬质且型直的大树，从山上抬下来的时候，传说砍树的人被称为"油谱子",要坐在本已沉重的木料上,才能让抬木料的人感觉轻松一些。经过挖空、打榫、上铁皮箍等程序才算成型,可耐用数十年。炒熟碾碎的棉籽,上铁箍制成饼状,整齐地排于榨腹之内,挤紧固定。以一根悬于屋梁之上的长绳,从中间挂住有铁皮包头、大碗口粗、七八米的长木,两三人操作,借大幅摆动的惯性力量,撞击木榨内腹,挤榨出带绿黄色的棉油。全套功夫,只有用人力和牛力,未见有机动力。大概是几样木质的家当,运用了现代机械的原理,故而也列入机子屋的一部分。

中间宽敞一些的屋内,才能称为真正意义上的机子房。一台柴油动力机,以手摇杆加速摇转的方式启动。专用皮带连接带动夹谷机,从顶端漏斗倒入谷粒,下面两边分别流出谷糠和米粒。第一遍夹出的米糠是粗皮,名曰"糠头",除了有些食堂用作燃料或作枕头芯外,无它大用。第二遍夹出的米糠,则多用于猪食。一般不夹第三遍,因为米的比例会因此少了很多。停机后将皮带转到另一侧的夹麦机上,与夹米机的原理相似,可以将麦粒儿夹成麦麸和白面粉。

墙角堆放的脚踩式滚筒脱粒机,因效力不突出,各生产队调用的次数也不太多。另外那台柴油动力机,脱粒扬尘一体,体型长而高大,各生产队调用的时间都很长。"嘟~嘟~嘟~"的轰鸣声,传递得很远,给寂静的山村带来了难得的热闹和几分机械化的气息。

　　大队的礼堂,是当时大队的政治文化中心。社员大会传达三级干部会议精神,是最庄重的活动。批斗"地富反坏右"也是在这里进行。用得最多且最为热闹的活动,是经常有大队文艺宣传队演出现代样板戏《红灯记》《沙家浜》等等。横梁下的两顶气灯,是大队晚上活动最为体面的照明工具。家用提篮大小的型制,挂于半空中,底部装一白色的网丝套。煤油燃料,在发出嘶嘶声音的同时,那网丝套会发出数倍于家用煤油灯的白色亮光,在山村的黑夜里可谓是"大放异彩"。当初没有细心观察,直到今天,我也还没有想出那种气灯的构造原理。

稻场 / 第十八篇

村东头与田畈的结合部位，是我们第一生产小队的稻场，更准确地说，就是小队部。保管屋，也就是仓库，本是村民们共有的汪氏祠堂，撤除内设的祭祀物品，改装成大小不同的粮食储存库。祠堂的建筑宽大，大门头上有精致的石雕花，石材的门柱，厚实的门板，墙壁也是青砖上顶，体量和用料的气派，自然是高出一般村居甚多。除仓库外还隔出两小间，作为账房、小队长和会计的办公室。大门口才是真正的稻场，近千平方米的平地，用黄泥混合沙土，以牛拉石磙压至紧实平整即成稻场。周边配建了一个集体养猪圈、半间批屋的集体食堂、一间烤烟叶屋，这种配置也算是当年生产队的标配了。

集体猪圈处于相对低洼处，用石头顺势砌成齐腰高的围墙,再于相对平缓的一侧建一排砖石结构的猪舍。最有特色的是猪舍的平顶,用一些铁丝做筋,浇水泥建成,是村里第一次见过的"钢混"建筑。猪栏里养的是大小十来头猪,本地黑毛猪种,一年正常能长到一百几十斤重,年终时上调给国家,村集体可领回毛猪的价款,当年似乎也有两毛钱一斤。"猪婆"一般都会养一头,产的猪仔好继续饲养。"猪公"每个大队一般只是在某一个生产队养一头,可供全大队母猪的配种使用。每一次配种费用,多是以一定量的米糠作为支付。其他的生猪,都会在二三十斤时,由兽医在股腹之间切口阉割,切口自行生肌缝合,随后"心无旁骛"地长成"肉猪"。

烤烟叶屋,屋型方正瘦高,顶沿下有两个小窗,作为采光通烟之用,底层有烧草木的灶堂。内室空间装有高密度木架,可挂满新摘下的绿色烟叶。闷火中温,慢烤至金黄,再分等级上交给公社,可算是当地完成国家"农林牧副渔"的生产任务。

集体食堂热闹了好一阵子,一口土灶上两口大锅,每口锅上都有几层竹编的蒸笼。各家各户自备小瓦罐,配好水、米、

第十八篇 稻场

红薯、高粱等食物原料,送来统一上蒸笼。收工时各自取回自家瓦罐。常有做标记用的红绳,被蒸出来的红水,染红了下层瓦罐中的粥饭,可算是"大锅饭"独有的"点缀"!时间不长,集体食堂就停业了,未见再使用过。

稻场,是农业生产活动的中心。稻场的边沿,主要用于选豆种、浸泡谷种、做棉花营养钵、晒麻杆等辅助性的用途,中间才是主场。第一次繁忙,是春末夏初小麦收获的季节,从田畈上收割回来的麦穗,都要集中于稻场来做堆放、脱粒、筛选、晾晒。第二次繁忙,是一年中的最高潮,也就是"双抢"。最炎热的三伏天气,在忙完二季稻的育种后,马上要接受每年的主粮早稻,从田畈抢收回来后,先要打垛堆放于稻场的边缘。在负责稻场工作的小队会计统筹指挥下,平常上了年纪不再出工的男女社员,也得到稻场听从分工。从我记事起,外婆每年这些天也是要到稻场出工的。先是众人携手,从草垛子上卸下打捆的谷穗,均匀地铺于稻场地面,呈不规则圆形。以牛拉石磙碾压数遍,中间穿插以长柄的木扬叉翻抖几次,至谷粒与稻草杆分离。用木扬叉将脱粒干净的稻草挑于闲处堆放,留在稻场面上的谷粒,用一种叫"香捧"的宽木铲,拢成谷堆。扬谷绝对是技术活,得看准风向,以三十度左右的迎侧风方向,用"香捧"铲起谷粒,向空中用力抛洒,重量轻一些的谷䓍,借风飘于下风处,完成与谷粒的分离。再以大的竹筛,盘去砂粒、杂物,剩余的谷粒相对纯净,即可入库。待稍后稻场空闲时,再翻出来晾晒。全过程掺杂而有序地进行。

"抢阵头"几乎是"双抢"时节无法避免的大阵仗。夏天的雷阵雨多会突然来临,要以最快的速度,将稻场上正在脱粒、扬谷等环节的稻谷收回保管屋;畈上要将已割下的稻穗挑回稻场上垛,还要给谷垛的顶端加防雨草棚。虽然"抢阵头"是从来不另加记工分的,但全村只要有行动能力的男女老少,无需队上呼叫,都会自觉地参与到"抢阵头"中去,这是约定俗成的乡风。即便如此,因阵头雨造成的损失总是有些难以避免。被雨淋湿来不及晾晒干的稻谷,加工出米来,多半都会呈深浅不同的沤黄色,作为上交公粮是不可以的,是以当年的口粮中沤黄米十分常见。沤黄米略呈发酵过的颜色和味道,口感十分特别。四十多年后乡思偶浓,托人回村时寻得几斤沤黄米,缓解了一下味觉的记忆。

第十八篇 稻场

杂粮上稻场时，不会像稻谷、小麦上稻场时那么繁忙，且各有不同的时节和程序。芝麻收割时只能是七八分熟，挑回稻场以后，向上立式三角交叉架起，太阳下晒数日，外壳自然裂开口，以大号的竹编框托底，倒转芝麻杆向下，以棍棒敲打的方式，将芝麻粒抖落于托底的竹筐内。筛的过程讲究技术，装入小眼的箩筛，以半圆轨迹在空中画弧，并间断以另一只手的指弓敲碰，以筛去细小的沙土。隔出枝叶草末时，使用播栲的技术要求更高，用中号无眼浅沿的竹编播栲，以小腹为支点，双手分左右握紧边沿，腰身手腿协调用力，使播栲前端上下播动，将混于芝麻粒中偏轻的枝叶草末和空心的芝麻粒，从正前方播出。

黄豆、豌豆、绿豆等豆类，类似芝麻的收割，随禾晾晒，像稻谷脱粒一样平铺于稻场，但不能以石磙碾压脱粒。莲蓬，一根高过人头的竹竿，十来块粗竹片捆成的主板，用一节钢筋作转轴，在一侧竹竿头相连，挥动竹竿带动主板向前方绕圈，顺势打向铺在地面的豆禾，使其脱壳而又不至于伤及豆粒，随后再进行筛播即可。

丝麻和棉秆的剥皮方法类似，直接将麻秆或者棉花秆置于石墩之上，以木棒用力敲打至皮秆分离，自秆尾往秆尖方向撕下，去杂叶，扎成捆即可。麻的价值从来都要比棉秆皮要高出许多，是今天人们喜欢穿戴的麻纺布的原料。但棉秆皮作为废物利用，在当年叫精耕细收，在今天也是一种环保的新概念。

田畈 第十九篇

正月十五后,"年过月尽",山村最能感知季节的变化。最早见到开花的,是田畈的草籽花,学名紫云英。冬季闲田时撒籽,早春出苗,鲜嫩泛绿,独杆圆叶及膝高,顶上开小圆瓣花,艳紫色。社员们并无欣赏"紫气东来"的雅致,没有把它视为花儿,直呼为"草籽"。其主要功能是让农田得以休养一个冬季,开春即犁入泥土,沤作上佳的农家绿肥,种出作物的口感和营养,远非化肥可比,现代的语言叫"原生态、纯天然"。

开犁前,牵牛入草籽田,算是对耕牛辛苦劳作一年最好的奖赏,也是对牛即将开始春耕的体能储备。对于一个冬季只能吃干稻草的牛来说,能吃上鲜嫩欲滴的草籽,那是无法抵制的诱惑。难怪历来都有"老牛吃嫩草"之说。牛下草籽田后,放牛娃看到牛腹圆了,就一定要强拉牛上岸。一向乖顺的牛,犁草籽田时也忍不住随口偷吃,所以此时多要给牛

戴上一种竹编的口套。不是人无情,因为吃草籽撑死牛的现象也不是没有发生过。草籽田犁过之后,就要开始蓄水。用"耖""耙"等程序,将水田盘整到泥面松软、细腻、平整,水位高出泥面少许,平静时像一面大的铜镜。

扯秧,即从育秧田里,将半尺来高密密麻麻的秧苗,三五株一撮儿拔起,双手左右开弓,抓成满把,以两根稻草为绳捆扎成"秧把子",挑至已平整好的大田埂上,按估算的密度和用量抛洒下田。扯秧时,向前移动速度较慢,可带专用的秧凳,用一根圆木棍为腿,不大的长方形木板为面,屁股要半坐半翘,可以节省腰腿之力,又不至于将秧凳完全坐入泥中。插秧时移动较快,用不了秧凳。左手握一捆秧苗,右手按分株取出,以食指和中指夹稳,拇指侧扶,垂直插下,根系入泥,苗立水面。株距行距,早已随心所欲而不逾矩,插完几行,移脚后撤两步,依次进行。看似未出大力,但弯腰却是农活中最难忍受的负担,所以插秧的农活,腰肢柔软的大姑娘、小媳妇社员永远是主力。

我学插秧时,大人们反复交代,弯腰累了可以直起来歇

第十九篇 田畈

口气,但千万别低头从裤裆里往后看。我无知好奇,弯腰插秧时偏要从裤裆里往后看了一眼。天哪!一片汪洋都不见……晕!其实这是视觉折射的原理,十来米的距离,只要从裤裆里往后看,就有百多米的感觉。

接下来的田间管理主要是管水、施肥、除虫等相对轻松一些的任务。中间要间隔薅两次田,赤脚下田,带一竹竿当拐杖,以一只脚为支撑,另一只脚逐缝浮面搅动田泥,顺势扶正歪斜的秧苗,踩杂草入泥。当年施肥多以草木灰渣、混合猪牛粪等为主的农家肥,配少量尿素、氨水类的化肥。除虫,已有使用少量的敌敌畏、六六粉等低毒农药,灯光灭虫也开始使用。

当年稻田里还常见"亮眼睛""匍沙鳜"等野生小鱼虾,可见农药残留还是控制得比较好的。青蛙也因此得以大量繁殖,每当水稻生长的季节,每天晚上真正是蛙声一片!在那么缺乏食物的年代,却从来没有村民有过吃青蛙的念头!后来慢慢地知道,青蛙是各种害虫最大的天敌。田间蛇鼠类的害物较为少见,是因为田岸的石缝中生活着黄鼠狼,人们也听说黄鼠狼的皮能卖个好价钱,但从未见有人专门捕获。青蛙没有人抓来食用,但过量的蝌蚪是鸡鸭最难得的美食。只有晒田时,从干裂的泥浆中钻出泥面的泥鳅,捡几把回家,才能讨得大人的几句表扬。

  水在大部分时间都要淹过泥面,稻穗扬花、含浆后,逐渐减少水量,至谷粒饱满,稻叶泛黄,即要开沟,放干水晒田。稻穗低头即成熟,约三个月左右的周期。随后,社员们就要再次进行弯腰劳作,开镰收割了。一只手掌心向前,拢握三五株稻穗中间部位,另一只手持镰刀,从外向内,取离地两三寸的高度,平向用力割断稻秆。侧身按顺序铺于田面,以百来斤重为标准,用稻草拧成的"草篓"扎成捆,即"草头"。

  挑草头,是标志性的力气活儿。直到我在县城上高中回乡参加"双抢"时,才领会其要领。挑草头用的"枞担",硬木,比普通扁担稍长,半圆底面,两端上有牛角状的铁尖,保留有古代"枞"作为兵器的几分特征。横握"枞担",先以左侧尖头,插入一捆草头草篓靠谷粒方向的沿下穿透,以左手肘面为支点,翘起左边的一捆,以右手控制"枞担",依前样插入右手边的一捆草头,借左边草头的重力撬动,右手肘面往

第十九篇 田畈

上用力,使右边的草头尽量翘高一些,顺势摆动"枞担"上右肩,再以左手助力左边的草头恢复到平衡的位置,全过程称为"上肩"。三五秒来钟的时间,一气呵成,看似无奇,却是利用了杠杆原理、摆动原理、借力原理等高深的学问,把握得当,可节省相当的体力。从田间到稻场,无论远近都是不能中途放下歇气的。到了稻场上垛,按"上肩"同等的原理,将草头举上垛,才算是挑草头的环节圆满。后来出远门多了,见有的地方田间脱粒,也有将草头放在田埂上数日,待水气变干再挑,确实能节省体力。但细想来,草头在田埂放置,一遇雨水就变成了沤黄米。田间脱粒,影响抢时节,且不便稻草冬季暖床、打草鞋、烧烟把等重要余热作用的发挥。

水稻种植的水田,小孩们重点关注的是下田时要避开几处危险。"笨",软泥很深的地方,多是底下有泉眼形成,传说小孩掉进去就会看不见影了。蚂蟥,爬上腿脚吸血,软体蠕动,非常恶心,一定要用拍打的方式才能够脱开人身,传说剪断成几节还能成活。田埂边的洞穴,除了小而扁的洞口内,可能掏出有壳无肉的小螃蟹;锄柄粗细而圆的洞口或石头缝里,怕有蛇。再大的洞口内,有黄鼠狼的概率更大。

"双抢",就是为了赶季节,抢收一季稻,抢种二季稻。老人们说,过去也有懒人,不种两季,让收割后的一季稻留在田里的根茬,自行抽生秧苗,也可以获得翻秧米,但产量极低,亩产也就百十来斤,口感却极好。金秋十月收获完二季稻,才算是当年主粮收获周期的结束。

初冬季节,开始为第二年的生产做前期工作了。稻田一部分开始撒草籽种,另一部分又开始起沟翻地,种油菜苗。"麦稻稻""油稻稻",即是一块田地,一年三季农作物的周期。旱地多是种与油菜同样生长周期的小麦,冬季开沟下种,开春后,麦苗沟间,套种棉花钵苗。小麦收割后,棉花又几乎与水稻同季节生长。坡地、田埂,播种高粱、绿豆、黄豆、蚕豆、芝麻、烟叶,也多是春种秋收。唯独"红苕",先以上一年保存的苕种,种下长出藤叶后,再以两叶截藤,插地栽种,虽要两道工序,但操作简单,不挑土地,不计肥瘦,自抗病虫,产出高效。

人尽其力,地尽其用,天尽其时,虽然稼穑艰辛,但食之甘贻其味!

山上的放牛娃 / 第二十篇

大人们平日里忙于田畈,山上几乎成为了放牛娃的领地,丘陵地区一个生产队,平均大小十几个山头。

捡柴火,本应是靠山吃山的容易事,但当时事实上恰恰相反。大人们说,"大炼钢铁"以前,山上到处是很大的树,很厚的草,枯草断枝满山都是。到我开始捡柴火时,绝大部分山上只能见到稀疏且并不高大的马尾松,树上飘落下来自然干爽的松针,是最好的引火柴。竹制的耙,利用后山"细树林",坡缓且少有沟坎的自然条件,将竹耙置于后背,靠在右肩头,右手反手扣住耙柄,耙齿贴于地面,一口气从坡顶拖到山脚,有三五十来根松针,已是不错的收获。祖辈留下来"细树林打拖耙"的捡柴技巧,仅剩一个美好的传说而已。

夛芭,根茎不规则而硬,枝叶相对壮实,无需人工种植,大队护林员也不监管。偶尔能见到一两棵,一定是要连根带叶地挖起,晒干后耐火。若干年后才知道,那些夛芭原是极美的大别山杜鹃花!也曾见过夛芭开花,红白相间,但当年却没有感觉到它的美。一个下午所捡的柴火能有大半个篾笼,也算是过得去的收获。

　　茅草,山边地埂较为常见,割回三捆五捆,晒干时不足一捆,入灶极快过火成灰,柴火不足时,也能起个"滥竽充数"的作用,好在量大。松球,易燃且较耐火,但量少。牛粪,独特的柴火,水牛粪过于稀松,不便捡晒;黄牛粪相对干硬,晒干后可作柴火,火焰先绿后黄,只是那种粪的味道多少总有些残留,故而我那个村里还是极少烧用。

　　树蔸,砍走树木后留下的桩根。多在山上活动的放牛娃也极难得见到一次,偶尔发现时,尽快回家请大人们拿来干锄,才能挖得出来,稀少且费力,但属于硬柴火,最为耐烧。大年三十夜里,堂屋中央架两三个树蔸烧堆火,实用且情调兼有。一家老小围堆火而坐,听老人讲祖先的故事;堆火边煨一罐腊肉土鸡汤，浓香四溢；火灰里埋进几颗花生蚕豆，熟时"砰"的一响……来深圳工作后，好多年才回一次村里过春节，槽门后屋的堂舅特意送来了几个干树苑，倍感亲切！

寻找些天然食材，自然是放牛娃的强项。开春后，麦地田埂生长出的地菜、软荠等小棵的野菜，口感稍粗，却香气浓郁，多混合米粉做成地菜粑、软荠粑，保留其根须，香味更足。含苞未放的茅草花蕾，形如一根草针，拔起取出内包的白丝绒状的蕾心，多条转成圆饼状，味儿清甜。茅草根，白色，短节均匀而瘦长，既可生嚼，又可煮水，甘甜味儿。"柢柢"，小棵野生类植物，根茎火柴棍粗细不等，瘦长型，葫芦状，白色肉质，口感脆而甜。但"正月柢柢甜，二月柢柢苦"的规律是一定的。紫米花，紫色、豆粒大小，无聊时，摘拾花的后半截，似有微甜。

夏秋时节，可磨牙的食物渐多。野生的红刺果，黄豆大小，去硬心后的红皮，甜而鲜红。桑葚，熟至其乌红色，口感最佳。同棵双杆的高粱杆，折其一支，带甜味的汁水之丰富，最近似甘蔗，根头甜、尖头淡。玉米杆则尖头甜、根头淡。松针糖，野蜜蜂酿在松针上的蜜,纯白,黄豆大小颗粒状,巧克力口感,纯正的蜜甜味,只是较为难觅。最能顶肚子的,当然还是只有放牛娃才有的"特权"——拱苕。选择好苕地沟的侧斜坡,趁四周无人时,迅速用脚趾顺着半坡土层鼓起裂缝,拱开土层,顺手必能摸出一两个红苕,以手搓去沙土,即可充饥。偶尔干渴难耐,取平日猪牛常常自行饮水处的水沟,捧几口自饮便是,未有闹肚子一说。冬季草木干枯,池塘边、田埂上,常见爬出来晒太阳的乌龟、甲鱼等,虽然今天是难得一见的野生补品,但当年并不被看重,捡回食用,肉少无油,膻腥味太重。

放牛娃的主业毕竟还是放牛,跟牛长时间共处,都会有很深的情感和默契。母牛生产时是用站立姿势,后肢稍张开并半蹲,先出小牛头,也有见大人协力拉出,小牛出生后顺势躺于地面。母牛产出胎盘后,会用嘴舌舔去包在小牛头上的一层胎衣,然后再在小牛身旁护卫。小牛躺在地面稍加活动,即要颤颤巍巍地站起,但脚力不稳而倒下,如此数次。大人们称为"倒四方",是初生小牛要完全自立站起来的必经过程,无需牛主人的辅助。传说,有人帮助站起来的小牛以后不会

第二十篇　山上的放牛娃

耕田。倒是见过小牛力气不足时，母牛用牛鼻扶它起来的情况。经历"倒四方"后站立起来的小牛，都会很自然地偎依在母牛的腹股侧，一边在母牛的身上蹭去眼鼻处残留的胎衣，一边磨蹭到母牛的乳头一口吸住。每到此时，放牛娃也会随着大人们一起说声"好了！好了！"牛要为人付出一生的力气，但向人索取的却很少很少。除了给母牛青嫩一些的草料，还未见过喂其他精制饲料。

小牛长至半大牛时，必须穿牛鼻。牛鼻左右两侧鼻孔之间，本有一层软骨和皮肉相间隔。大人们准备好大小合适，一端平直，另一端有叉状的木质"牛鼻嘴"，强行钻穿牛鼻孔之间的间隔层，叉状的一头留于右外侧以免滑脱，再在穿刺到左侧外的"牛鼻嘴"一端系上牛绳，自此牛就必须听从主人的那根牛绳指挥了，大概可以算作"成牛礼"。

大人们不让放牛娃接近牛的情况一般有三次，穿牛鼻算是第一次。第二次是成年牛发情期，性情暴躁，常以牛背暴力顶擦石岸或树干，此时拉扯，它可能会"六亲不认"地以牛角顶撞，或以后蹄"打跺"，极易伤人。多半要等它自行平静以后，扯一些青嫩的草，再行接近。第三次是年迈丧失劳动力的牛，准备屠宰时，牛会用眼睛寻找主人，流下让人不忍直视的眼泪。

牛打架，常见。如是争食争路，相互甩动牛角，放牛娃呵斥几声，几个回合下来即散开。打死架的现象较为少见，多是发情期的公牛之间进行的"决斗"，那才是"犟牛"精神的充分体现。双方正向以牛角和牛额部位全力互顶，谁都不后退半步。初时，双方牛主人同时用力掐自家牛尾根下的软凹，即平时牛最怕痒痒的部位，偶有灵验。此招如不灵，则是大事，再不采取特殊的手段，结果多是一牛或两牛双方力竭而伤。此时，多由生产队长主持大局，清理斗牛场周边闲杂人等，第一步，用木桶取水泼向牛头。不灵验时，再用整根的长树干，从牛头中间压下强制分离。如再未分开，最后一招是用油火把，以长竹竿置于牛头之下，硬生生地烧开。这一招虽是灵验，但也过于残忍，实属不得已而为之。

平常时日放牛，倒还是一件不太费力的事情。除非是在田埂地头吃些青草，防止牛偷食了庄稼，放牛娃多是要牵着

第二十篇　山上的放牛娃

牛绳来放。往左边顺势轻拉牛绳,牛会往左边走;横向抖动牛绳拍打前腿,牛会往右走;用牛绳尾端轻轻地抽打牛的屁股,则加速前行。所有的指挥动作无需用力,轻轻示意即可。牛是能简单听懂人话的,犁田的时候,呵斥一声:"沟儿犁~",它一定会顺着沟往前走。到了没有庄稼的山上,给牛做个"抛头",即将牛绳缠绕在牛角上,示意给牛绝对的自由了,放牛娃也落得个自行享受山野之趣了。除了捡柴火、找些零食甜嘴,夏天光着屁股跳进熟悉深浅的水塘,最是爽一把!

　　太阳快下山时,找牛是放牛娃的绝活,先是放开喉咙高喊"咩喔……咩喔……",牛自会闻声而至。超出听力范围时,则需要聚目凝神,往四周远处山坡的草树丛中寻视牛的踪影。久而久之,无意间练成了"千里眼"和"铁嗓门"。四十年后主政一地方教育卫生工作时,为解决近视眼普遍的现象,我倡议发起了一个"远望计划",两年后,医学数据统计成效显著。音乐简谱都认识不准的我,一次被迫唱了一首歌,只记得《大海航行靠舵手》的歌词完整一些,一嗓子出来,居然被一众同事赞为回归了唱歌的本源,且有摇滚的味道!

109

第二十一篇 / 赤脚医生

躬耕山野田畈，食五谷杂粮，三病两痛总是难免。

当年的山村里，只是上了年纪的老人得了重病，才听说去一趟公社卫生院，其他的则主要是依传统经验自病自医。肠胃消化类的不适，除用烧糊了的锅巴碾碎煮水喝下，不曾再有什么措施，说是拉出来就好了。有一年，外公抢"阵头"时被雨水闭了汗，高烧，难受得要交代后事，被外婆几碗生姜煮水灌下，大夏天的加棉被捂住，一夜几场透汗后，又活了四十多年。当年，见有小孩肚子圆鼓膨胀，大人到供销社买回几颗"打食糖"，拇指头大小一颗，宝塔形状，彩色相间，粉甜味儿，食不过两日，即可拉出成堆又长又粗、白色微黄的蛔虫。膝盖擦破皮、脚趾缝被谷穗杆扎破裂口太常见，渗出的血丝与泥尘混合结成一层壳儿，伤口发炎红肿时，用指尖顺着壳边儿轻轻地滑动,说不出的微痛、痒痒,而又惬意的感觉!我的哥,放假从县城回村,故意卖弄一枚银分钱,一不小心吞下肚去。外婆割回一把韭菜,整根儿的清水一捞,以竹条打屁股,威胁他不能用牙咬而咽下,第二天再食,直到我以竹棍从他拉出的绿色粪便中拨出了那枚银分钱。长脚的野黄蜂、葫芦蜂蜇人,常有见到,摘丝瓜叶,搓出汁水涂抹,虽难免鼓出一个红肿的大胞,倒也从未见有更严重的事态。

"唤吓"是一种很特别的治病方法。我偶有冷热不调,或受了惊吓生病发烧。外婆用小碗装满米粒,抹平,放在我枕头一侧。待我半睡半醒状态,外婆会先烧些纸钱,再在我身边念念有词:哪个要不得的东西,各自回自己的窝去,这里是行善积德的人家,不要来吓倒细伢了……要是有么事做得不好,就把病灾落到我身上,莫吓到了我的细伢哈……第二天一早,如见米粒平面的哪个方向有凹陷,就说是那个方向来的要不得的东西吓到细伢了,于是再多两个晚上"唤吓",我的状况也就恢复如常了。即使到了今天,我的小孩偶受惊吓,虽然没有外婆那些仪式感,但我也是一遍遍地重复着外婆给我"唤吓"时的"念念有词"。

我五岁前后的那个秋天，在木子树下捡从树上砍下来做柴火用的木子树皮。树上的小伙伴细狗儿镰刀脱手，刀尖扎进我头顶右侧，当场鲜血直涌。跑回家，外婆见状脸色刹白，下意识叫了一声"香炉灰"！但那个年代早已禁止了烧香拜佛，哪有香炉灰！急中生智，外婆伸手入灶，从锅底抓起一把墨黑色的"锅大墨"，反手摁于伤口之上，算是及时止住了流血。随后数日昏迷，还引回了母亲从县城回村探望。当我醒来时，视觉模糊，头发已结成了条块状，伤口外翻，肉色鲜红。似乎听得有人说"做点儿么事好东西细伢儿吃下子啊……"，又昏昏睡去。我已记不清后来是怎样活过来的，倒是明显一块儿不再生发的伤疤长留头顶，外婆那忧心如焚的呼唤声终身难忘！

再过两年，头顶正中，突然呈圆形掉了一大块头发，且掉发的头皮处呈光亮、滑溜感。有人说"鬼剃头"，也有人说是被桐子树上滴下来的桐油闭了毛孔。一块生姜，从中切开，被舅舅摁在脱毛处，蹭擦至有血水渗出，其痛难忍。大哭几场后，真的又见头发长出如初。日后，舅舅还几次笑称，如果不是他当年狠心擦到我"皮"破血流，看我日后还怎么找到这么好看的媳妇！

第二十一篇 赤脚医生

我在池塘边玩水时,被背后路过的黄牛挤落水中,猛喝了几口水,自己摸着石头爬上岸,回家还被外公用细条长的竹条抽了屁股。邻居家的二苕,曾落水后不见动静好一阵子,路过的大人下水捞起来,已是手脚僵硬,不省人事。来村驻点的公社干部,弯曲膝盖顶住他灌满了水的肚子,口脸向下,少时,吐出大口大口的水来。他母亲哭过之后将他抱回家,头上系了几天的毛巾,又下地玩儿去了。

喜哥儿,是村民对接生婆的一种称呼,皆为上了一定年纪、有生育经验、灵星而手脚麻利的妇女。方圆几个村,都会有一两个较为有名的喜哥儿,师傅带徒弟,心口相授,没有进过学堂,全凭经验积累。谁家孕妇有了"发生"的动静时,必是要派人请喜哥儿接生,再加上同村有经验的婆婆媳妇帮忙,我听到过的基本上是顺产。倒还听说过有的人家,喜哥儿还没有接到,孩子就生下来了。当年没有听说过生小孩还要去卫生院的事。

最令人无奈的是癞痢,头皮上长出的一种块状、溃皮、出水、结壳、起白色层叠状的粉皮,看一眼即让人恶心难受。20世纪60年代前后那些年大流行,村里大小男女孩,似有半数不同程度地长有这种癞痢。严重的后来头上几乎不能长出头发，或在癞痢块中间的缝隙长出几根象征性的软毛，邻近村里几乎都有几个"花儿头"。幸亏几年后，有位在外面工作的大表哥带回一种药膏，擦了几次，就治好了他弟弟的癞痢头。其他人照样学来，村里才根除了这种让人想起来都难受的顽疾。

有一年，大队在传达全县三级干部大会精神时，要各村推荐人当赤脚医生。上湾的坤哥读了几年书，人也年轻机灵，被选中。坤哥被派到县城学了两个月，回村时背回一个方形、有长背带的药箱，箱盖上还有个显眼的红十字，很是让他的同龄人羡慕了一阵子。自此，坤哥隔三差五地会用侧肩背着那个药箱，全大队各小队行走一番。我等小孩一见坤哥，必会上前让他在有破皮的地方，擦些红药水、紫药水、碘酒，这也是药箱内最主要的药品。当时没见过要收钱，应该是记了工分。

随着经验的积累，且又到公社卫生院和县里学习过几次，坤哥逐渐赢得了村民们的信任。大人们有个身体不适，坤哥也学会了把把脉、看看舌头，开副中药。小孩头上长大脓包的，到穿头时，他会上"捻子"，用一根细小的药用棉条，塞入脓包之内，第二天取出，以此吸出脓血，再撒一些纸袋装白沙粒状的消炎粉，见效甚快。坤哥获得信任还有另外两个原因，一是看病的同时，他会热心地普及一些医学常识：把头洗干净，就不会长癞痢；出汗时不能突然淋冷水，不然容易感冒发烧；伤口处结的壳儿，要等它自然脱落；等等。二是协助大病之人到卫生院医治，或做完手术后回村的康复，强调雄鸡、鲤鱼、母猪肉，属大发之物，暂不能进口；做了手术的人，每天要尽量下地，多走几圈。

最让人佩服的是，针对到卫生院"结扎"回村的男人，坤哥发明了一种半屈膝、开裆、半架手臂、摇步走的仿鸭式行走办法，能明显减少痛感，又方便易行。后来我来往县城的次数增加了，沿途发现这种男人"结扎"后仿鸭式行走的方法，得到了广泛的流行。

港珠澳大桥通车时，退休回乡居住的舅舅来电话说，乡里都好，原来担心看病吃药的问题，现在也不用担心了。上村的坤哥，中西医兼用，治愈一般的病痛，比城里的医生还简单见效。

愿年事已高的坤哥，和村里的老人们一样，健康长寿！

第二十二篇　手艺人

货郎鼓，圆形巴掌大小，两面蒙皮，两侧各一个带一节索线系住的蚕豆大小的鼓槌，下有手柄把持，左右来回摆动，双侧小鼓槌击鼓发出砰砰声响。挑着一副有很多个抽屉的货担进村的货郎，说着跟我们不一样的口音，据说是从安徽过来。货担里的物品，虽无大件，但也丰富：针线、剪刀、洋火、纸花、手电筒、盐、糖、衣帽、发簪、皮筋，等等。婆婆、媳妇、大姑娘、小孩们，总是要围个一满圈，有人花几分钱买个一两件，也有人只是赶来看个热闹。外婆买针线时，顺带给我买过一颗棒棒糖，顶不住全村小伙伴们羡慕嫉妒的眼光，紧拿住棒棒，给在场的十多二十个小伙伴每人舔一口，再留给自己和表弟表妹舔了好几天。

还有一种挑担进村的手艺人，叫"代丈"，即剃头的师傅。

第二十二篇 手艺人

哪两个字？也无从考究。担子是一头烧热水用的简易火炉和一个铁皮脸盆，架子上挂一条说不清颜色的毛巾，另一头木箱内则是剃头用的工具。最有代表性的，一是一把手动发剪；二是一把掏耳朵用的耳挖和小毛刷；三是挂在木箱架上的搪刀布，条状，粗帆布底，经年累月地搪刀之后，油腻的布面已显得十分光亮。城里人喜欢数落这一套家当，编出来些"脏得像块搪刀布""剃头的挑子一头热"云云。因怕火气重会长癞痢，我的头发总是剪得尽量短些就好。三岁以前的小孩，头顶心的一撮毛，一般要留得尽量长一些，叫做"朵耷儿"。大概是小孩头顶心，骨格成合较为缓慢，有的还能见到上下跳动，留"朵耷儿"应该是有保护之意。

裁缝，必须是要有些文化又心灵手巧的人才能够做得的。那个年代，布是非常珍贵的，且都要凭布票才能购买得到。第一道裁剪程序尤为关键，好的裁缝，是要用尽可能少些的布，裁出合身的衣服来。年轻人的衣服相对好做一些，男装几乎只有仿军干服，女装也是只有小开领的上衣，深裆的直筒裤。女老人们的裉子，也就是上衣，是那种合口在左侧，且用布纽扣的传统的女性上衣，因工艺相对复杂，最能体现裁缝的手艺。

小衣,即上了年纪男人的裤子,则非常简单,几乎是只缝一个直筒圈,下半截中间剪开,缝成两条腿,腰身部分长可及胸,无需腰褊纽扣等,穿衣时,拎上边儿套入双腿,左内右外顺势一叠,取布腰带系紧,再将上沿儿绕腰带四周扎入其内,故而也被形象地称为"抄裆裤",简洁而高效。布料基本上只是厚薄不同的各种棉织细布,颜色多是蓝黑、清灰、军绿三两种。女装偶见有浅色带些红花的布,大小格子纹的布,是我上小学以后才开始有的。我十岁前的记忆中,家里只接过一两次裁缝上门,倒是我外婆给全家人各种衣服的缝补,则是常见。

博士,是对木工的称呼,但有讲究。做木工的第一道程序,是将原状的树木,以木叉固定在合适的高度,持长锯,两人分左右相互拉送,锯成板材或档材即可,因技巧含量不多,以力气为主,此种匠人只能被称为解匠。木质的家具做成后,做油漆的匠人,则只能被称为漆匠。只有把木材加工成各种用具的匠人,才能被称为博士。因需要对各种木材进行多种繁复精细的加工,博士的工具也较为丰富,主要分为斧、锯、刨、凿、锤、尺、绳几大类,其中锯、刨、凿等,又依长短、大小构造不同,分为若干型号。榫卯是木器加工过程中最考验手艺的环节,师傅带徒弟要偷偷留一手,也多藏于这个环节当中。最为亲近的小伙伴细平儿,学木工出师时,专门给我做了一口原木榫卯结构的木箱,至今仍在使用。木器加工是最能体现力气、技能、智慧融于一体的工作,后来人们把学历最高的等级称为博士,自有合理的历史传承。直到近年房地产业兴起,大批农民进城当装修工或建筑工,木工的价格也从来都是高于其他工种。

砌匠,现在叫泥水工。入行的门槛相对稍低,但活儿较多,做屋、捡瓦、搭灶是其主要的工作。成年的劳动力,即使没有拜师学艺,耳濡目染,对砌匠的手艺也能略通二三。搭土砖,只要肯出力气,几乎是每个劳动力都会的技术。择少雨的冬季,选一块泥田,先揭去上层较肥的泥土层,以便恢复种庄稼,用牛犁松底土,加适量的稻草做筋,注水,以牛踏锄和拌匀,取平地放置木制的砖盒,双手取泥砸于盒内,中间捅上一脚踩实,再以双手捞回漫出边沿的泥,抹平砖面,再以中食二指,按个人的习惯在砖面上画出两道竖痕,取砖盒置于一侧,准备搭下一口砖。待泥砖干爽,削平底面,即可上堆备用。造房子是最大的事情,都是单层,脚基挖下膝深左右,见硬底即可。以石块做基，出地面后，尽量以石条或者拆旧屋留下的青砖垒上三五层，以防雨水侵蚀，其上的墙体，则用自制的土砖砌成。上主梁时，要放鞭炮庆贺，主人家尽可能做些好吃的饭菜，慰劳砌匠和来帮忙的乡亲。随后安装横条、格板、盖瓦、门窗，平整屋内地面之后，即算完工。砌匠的工作，主要是设计、指挥、放线、监督，重点环节才亲自动手。旧屋拆下的土砖，小队上都要收集，打碎作肥，肥效极好，俗话说："粪堆三年成土，土堆三年成粪。"捡瓦，主要是指经风吹雨打，造成顶瓦移位、破损，则需请砌匠修复。最为讲究的是搭灶，可能源于灶神为尊的习俗，搭灶是砌匠业务权威的主要标志，搭灶的事情必须由本村最有权威的砌匠来做，如请外村的砌匠，本村砌匠多半是要来闹场子的。

当年能学个手艺的年轻人，农忙时不误下田，做手艺时不仅可以吃上主人家较好的伙食，年终结算的工钱，更是不可多得的润用钱。因而，当年说亲时，有门手艺的男方，多半也会是长得好看一些女儿们的优选对象。改革开放以后，这些乡村的手艺人们，是最早进城从事建筑、服装、个体工商工作的群体，不少人能以一技之长率先成为行业骨干，成就日后的一番事业。

大红花与打倒我爸 /第二十三篇

对门山外侧的大路,两三米宽,相对平直。偶有解放军部队行军路过时,常在此路两侧歇脚,只要任何一人发现,往村里喊一声,各家各户自动拿茶水和应手的花生、黄瓜等赶来慰问。军民鱼水情,发自内心!有战士送给帮忙倒水的小伙伴一块饼干,我也尝到了一个小角,还念叨了好一阵子。

一年一度的面兵,是村里年轻人最为期盼的大事。经大队的推荐,政审体检合格,能面上兵的,一身崭新的绿军装,容光焕发,满屋生辉。送兵的那天,大队要敲锣打鼓,结队欢送。新兵胸戴大红花,从村中走过,各家也都要放一挂鞭炮或送上一些祝福的话语。有些听戏较多的老人说,这场面跟打马长街的状元一样!类似的场面,还有村里出了劳动模范时。当年,我小队的会计被评上了县里的劳模,领奖状回村时,也是胸戴县上发的大红花,护送他的公社宣传队员打着快板,唱着即兴编的顺口溜"建设大队好榜样,出了模范汪某先……",场面真的是热闹。

与大红花相对应的是高帽。竹编、圆锥形、尖顶、外部以白纸糊皮,根据需要写上"打倒地富反坏右""打倒反革命""打倒某某某"等等。常见的有:一是大队搞大型活动时,拉上一两个地主,戴上高帽,大会上批斗一番;二是抓到偷集体树木或粮食的小偷,让其戴上高帽,自己拎一面铜锣,到各小队游行,敲一声锣喊一声:"是我偷了大队的树喔,大家莫学我啰……",那年代,村里人家的大门几乎没有上过锁,不知道是否跟这种对小偷戴高帽的惩罚措施有关。

稍长两岁,我随社员们参加开会也逐渐多起来,内容也不关小孩子们的事,故而没有用心听多少,但场面还是印象深刻。大队书记宣布开会,举起红皮的"语录本",领头高呼:"共产党万岁!"社员们齐声高呼:"共产党万岁!"领头又高呼:"毛主席万岁万岁万万岁!"社员们又齐声高呼:"毛主席万岁万岁万万岁!"社员们的表情都是庄重严肃的。会议中间小孩们都是边

第二十三篇　大红花与打倒我爸

上玩去了，待听到会场高呼打倒谁、打倒谁谁谁时，就知道会议要结束了。

偶尔见到过村干部，早晚在家时向主席像三鞠躬，口中念念有词，听说这叫做"早请示晚汇报"。挂主席像是很严肃的事情，大队礼堂、村办小学、小队保管屋等肯定是不能少的，每户人家堂屋正中也是挂主席像的，并无所强制，都是各家各户自愿的不二选择。各种场合向主席鞠躬或喊"万岁万万岁"时，从人们的神情上感觉得到都是发乎心底的！上衣左胸处戴像章是所有人的喜爱，像章大小样式千姿百态，挂戴时也不限多少。每有新样式出来，常有被人当面抢走的现象，被抢的人还不能发火，因为抢的人总会念叨一句："毛主席像章人人爱，各人抢的各人戴！"

有一段时间，"走资本主义道路的当权派"一词听说的较多，批斗的对象也变成了各种领导干部。那年冬天，我到县城住过几天，天下大雪，母亲叫我给在厂里会议室的父亲送烘炉，推门一看，见父亲低着头站在主席台的一个角落，身前挂着一块有字的牌子。家住对门的黄叔，一手叉着腰，一手指着我父亲破口大骂。心想别人都说我父亲是厂长,又不是地主,怎么也会被批斗呢?好在也见多了类似的场面,大着胆子将烘炉送到了父亲的脚下。晚饭后,对门的黄叔又在两家共用的走廊上摆了一副象棋,用平和的声音叫喊:"厂长吃完了吗?等你来下一盘!"临走的那天,父亲心情不好,也不跟来接我的外公打个招呼。母亲说,别怪他,厂里一位女职工的爱人,从高处落下身亡。

回村后不久的一天下午,很少回家的后屋三舅,垂头丧气地回到家,用被子蒙着头,不说话,叔外婆叫他晚餐也不理睬,还几次自言自语:"你们叫我怎么个喊法?你们叫我该怎么个喊法?……",原来,公社开千人大会,批斗公社书记,也就是后屋的我叔外公。三舅作为公社通讯员,负责在扩音器前领喊口号,前面几个打倒谁谁谁之后,最后要喊打倒会场当时批斗的对象,三舅一迷糊,喊了声:"打倒我爸!"台下千人自然地跟着喊了一声:"打倒我爸!"……会后,红卫兵找我三舅,严厉批判,并要追究责任。不过,后来也没有见到有更严厉的处罚。三舅仍勤奋工作,二十年后还做了乡镇的主要领导,但他在县里的知名度,主要还是那句"打倒

第二十三篇 大红花与打倒我爸

我爸"的口号!

大概也就是前后这两年,从公社往各村牵来了广播线,各村在合适的山岗头,装上了扁方形的广播箱。每天东方微亮时,寂静的山村传来悠扬的《东方红》乐曲,山村又开始了新一天的生机,山村的人们开始从广播中知道了国家大事,也开始知道了全国人民都能听得懂的普通话。2019年一个偶然的机会,我在湖北省博物馆听编钟演奏时,激起了我记忆中的涟漪……第一次现场听编钟演奏,怎么会有那么强烈的记忆和亲切感?还是现场解说员一语点醒:原来当年广播里每天早上传来的《东方红》曲,正是用编钟演奏,再由我国第一颗人造卫星从太空传回地面,难怪那份灵动,那份清越,那份带着几分天籁的音符,五十年来依然清晰地回绕在我的记忆中。我正在做退休的准备工作,一再说明要一部手握式收音机做晨练随身之用,老伴不解我的执着。其实,我还是在想,每天早上依然能听到那编钟演奏的《东方红》曲。

我上村小二年级那年,大队开了一次规模最大的社员大会,气氛也比平常严肃了许多。稍长了几岁的我也要听一下会议的主要内容。会议开始时,照例要请老贫农忆苦思甜,依然是多次上台的那个老贫农,依然是按照惯例先读了几条毛主席语录,接着就读某副主席指示,大队书记突然大惊失色,一把扯开话筒,那位老贫农带着诧异的神情离开了主席台。接下来书记传达的是林彪叛党叛国、摔死在外蒙古温都尔汗的事件。此次会议后,各种批斗性的社员大会,逐渐少见了一些。

发蒙与勤工俭学 第二十四篇

那年正月十五刚过,天气渐暖,几乎整天和我混在一起的细平儿、细狗儿等小伙伴,极少见地换上新一些的衣服,说是今年发蒙。我习惯性地跟着一起到了学校。当年村办小学设在上湾的祠堂内,一块黑板中间已有几条宽大的缝隙,前面有三排座位,用木子树锯成长而不规则的木板凳面,两端以石块作支撑,一条木板凳挤着可坐十几二十个人,没有书桌。第一排一年级,第二排二年级,第三排三年级,全校一个民办老师。我挤在第一排坐下,老师问我:"你来做么事?"我说:"我也来发蒙!"大概是老师早知道我比同来的小伙伴们要小一岁,找了个理由说:"发蒙最少要穿整裆裤!"一看,果然只有我一人穿的还是开裆裤,哭着自行回家。外婆问明原委后,在针线框中找了一块大概是我的姨订亲时做衣服多出的一块红花色的布片,补上开裆。穿上后我自己又返回,老师见状笑而不语,我也自然的算是发蒙了。感谢我的姨,出嫁时没有把那块红花布带到婆家!

发蒙首先是学规矩,老师走上讲台时,全体起立,右手持红色的"语录本",随着节奏一起向前上方用力挥出,师生同呼:"伟大领袖毛主席万岁!万岁!万万岁!",老师分别给三个年级各上一节课。不上课年级的学生,可以把屁股移到各自座位后的地面上,把座位当桌面写字,但不得大声讲话或走动。三个年级上下午分别听一节老师讲课。我的第一堂课是学认"毛主席万岁"几个字,第二堂课是各人认各人的姓名。下午放学前,三个年级的同学,跟着老师一起唱《大海航行靠舵手》。印象最深的一课,是老师讲要为共产主义奋斗终生时,我提问:"共产主义是个么事样子?"老师犹豫了片刻,若有所思地说:"想吃粑时粑就来了!"唉呀呀,这还了得!同学们一个个都吞着快要漫出嘴角的口水,争先恐后地表态,一定要为共产主义奋斗!

大概几个月的时间,大队部后面的小学第一排教室建成,搬过去后,可每年级一间教室。通排的木子树板的课桌,虽

第二十四篇　发蒙与勤工俭学

然面上好多个大小不一的洞口，但总算是有了桌腿，凳子自己从各家带。老师和学生的数量也明显增加，我的班也多了好几位已有十来岁的女同学。半年后，第一次有了课本，好像是广东省编印的五年制小学的那种版本。我外公步行到另外大一些的公社合作社，买回了作业本、三角板、毛笔、铅笔，算是家当齐备。陆续新来的几位老师，都是本大队读过初中或高中的人。中间还来过一位公办到民办支教的老师，那课讲得就是不一样。

算术课印象最深的，是把高粱果下的小圆棒，切成整齐的段，用线串成一排，练习加减法，很是实用。学珠算时，先背诵口诀：一上一、二上二、三下五去二、四下五落一、五取五进一、六上一取五进一、七上二取五进一、八去二进一、九去一进一，简单而受用。

语文课主要是读和写。二年级开始学写毛笔字，可惜进城上学后没有再坚持。读书最有特点，每早第一节课，全班同学一起放开嗓子，跟着自然形成的节奏，摇头晃脑，一遍又一遍地齐声朗诵："……天高云淡，望断南飞雁，不到长城非好汉，屈指行程二万……"，虽然后来有人批评，这是不加理解地读"望天书"，但我却不敢苟同。后来阅书无数，但几十年来不曾忘却的记忆，只剩下读"望天书"记忆下的课文了。离开一线工作前，我忍不住"以权谋私"了一回，与一位中学名师，同课异构，比赛讲课《忆秦娥·娄山关》，我把摇头晃脑读"望天书"的心得，总结成C型摇头法和G型摇头法，传授给学生时，效果之好大出意料！评课的结论是：名师是用他的知识在教学，老先生是用他的人生来上这一堂课！

上学以后，外婆就开始给我讲一些头悬梁、锥刺股的故事，可惜外婆的轻言细语，当时的我没有用心领悟！学校对考试的压力也不大，除了寒暑假，还经常放些农忙假，力所能及地帮生产队做些事，还能多少换回几个工分。即使上了学，放牛娃的野性仍然是花样百出，放学回家的路上，也能接力拉尿，把一条水线连接得长而又长，真正地体会了一把"少儿不知羞，迎风尿三尺"的豪爽！

勤工俭学倒是一件正事。为了赚回粉笔钱，学校组织最多的是到对面的横山，捡些白石头送到矿产公司收购点，两

第二十四篇 发蒙与勤工俭学

个同学抬半箢篼，效率说不上高，也能积少成多。自己想办法赚点书本费，更是各显神通。木子成熟，生产队收获时，总难免有遗漏在树尖的一小串，或在地面缝隙中的三五粒，黄豆大小的白颗粒，收捡一手绢包，可换一两分钱。金豆子，也就是蓖麻，子儿大个一些，按重论价，比木子稍便宜。家里泥土灶的砖缝，柴火堆下的草灰中，能搜出指甲盖状灰色的爬虫，叫地团鱼，用火烤干，满一手绢包，可换三两分钱。效益最好的是，那几年为了防治松毛虫的灾害，国家拨了专款，发动学生在内的全体社员手工抓获。全身毛茸茸，麻色黑，个大的还会长出红眼圈，一看就叫人毛骨悚然！皮肤碰上会奇痒、红肿、溃疡。量大，满山的松树上都是。两根稍长的竹棍，使用筷子的技巧，勤奋一天就可以捡小半个化肥袋，按斤两可换回好几分钱。原本我也是害怕松毛虫的。二年级暑假，我往县城住过几天，准备动身回村时，斗胆向母亲讨一盒有好几种颜色的那种小蜡笔。母亲说了一句："有得钱！农村小学要那做么事？"含泪出门时，哥哥赶紧出来，将他手头用的一盒只剩下些半截的蜡笔塞到了我手上。回村后，我就开始多捡松毛虫，且敢用力摇动长得高的松树杆，使枝叶摇摆而自动掉下松毛虫，效率最高。虽然会有松毛虫掉在草帽上身上难受，但接连几天上山捡松毛虫换回的钱,终于从供销社买回了一盒新蜡笔,还有多出的几分钱,买回了两颗棒棒糖。

比起今天很多父母养育小孩,无边溺爱娇宠的教育方式,我还是觉得我的童年时代,更亲近自然、焕发天性,更能体会到稼穑的艰辛,更敢于克服困难。夹缝中求生存的原始的积累,才是更珍贵的启蒙教育和一辈子取之不尽的精神财富!后来我养育女儿时,摔倒了从来就要求她自己爬起来,被台风吹走几十米远不让她哭,零花钱靠她在家洗碗洗衣服赚几毛几块钱的积累,上大学时按800元基本保障给她生活费,出国上学、回国找工作都是她自谋生存。我很金贵我的女儿,但我更知道这才是真正的父爱!

远山岗上的身影   第二十五篇

上小学三年级时,自然地开始多些事情。帮家里挑水浇菜园,把表弟妹背在背上出去玩,喂猪捡粪,捡麦捡谷挣工分……在屋后沟的坡地种了一棵丝瓜,叶繁花多藤长,结瓜却少。外公摘去藤尖,用竹片穿开近根部的主藤,再施些土肥,结瓜明显见多。

外婆表扬我勤快的次数渐多,却也开始偶尔听到老人家莫名的叹息:"哎!长大一个走一个……长大一个又走一个……",往县城的次数也开始多些,外公出远门,总是要催着五更天就出发,雄鸡的啼鸣、东方的朝霞、山野的晨风、田间的白露,一路伴随。稍走累时,外公总会蹲下让我跨坐在他的颈背之上,我手从后绕前抱住外公的额头,要求我尽量把腰坐直一些,这就是我儿童时无比享受的"驾背驮"。背起我后,外公气息稍重,偶有"哼哼"之声,上坡过坎,脚步稍慢,肩背左右摇晃调节平衡,爷孙合一。我坐得高看得远,比别人都高一截,很是神气。偶有平一些的路,外公也会小跑两步,我像赶牛那样喊着"驾……驾……",外公笑着说:"子把父作马",我也会学得应一声"父望子成龙"!三十多里的山路,外公总是一遍又一遍地讲着从说书人那里听来的故事,也讲一些他多次进城的见识。偶尔他会弯个几里的山路,往他外甥家喝口茶,必经狭窄的山崤路,横过半人高的古树枝,每每弯腰钻过之后,总会念道:"人到弯腰树,不得不弯腰!"

这年腊月三十,"还福"敬祖先时,外婆念念有词地比往年多说了好多的话!年后没几天,外婆在我的棉袄口袋里,装上了几件有精致雕花的银饰、两枚铜钱、一张绿色纸面的两毛钱,用针线缝好袋口,又给我穿上了亲手做的新布鞋。一辈子出远门要赶五更的外公,第一次等到天亮之后,待我吃过外婆煮的荷包蛋和花儿粑,才一手拎着包袱,一手牵着我出门,脚步也没有平常那样赶急。外婆拄着那根回娘家时才用的深颜色的竹杖送我,路上反复交代我一定要听话,要用心读书,吃得苦中苦将来才有出息;要勤快,年轻人做得要气力有气力,千万不要跟别人比;哥哥得了病,妹妹也养的娇宠……

第二十五篇　远山岗上的身影

到了与别的大队交界的那个山头,外公让外婆不要再送,自己牵着我的小手往县城方向走去。走过一道又一道山岗,每一次回头,外婆都还拄着那根深颜色的竹仗,在那山头上望着我!老人家的身影逐渐变得很小很模糊了……

往后的几十年,无数次各种离别的时刻,我再也没有回过一次头!

那天午后时分,外公带着我到了父母在县城的家,打开棉袄的口袋,将那些银饰交给了父母,母亲惊讶地说:"这是我妈当年嫁衣上的银饰,老人家也就剩下这点儿有个念想的东西了!"父亲说了一句:"么事东西?"见其上有一小丝环链挂着的耳挖,两手一拉,"砰!"丝环断了,把耳挖顺手丢进了餐桌的抽屉。我看得心头一紧,说不出的难受。外公见状插上一句:"这些东西是外婆给小孩的!"入夜后起床尿尿,偷偷将那绿色纸面的两毛钱卷成一个小筒,从餐桌的底面塞入了抽屉滑边的缝隙中。两枚铜钱,穿在了我的钥匙环上。

被拔掉耳环的那几件银饰,感谢母亲细心地保管,我成家时从母亲手中讨回,再也没有离开过我的身边。两枚铜钱,当年被父亲用来撬锁款时留下缺口的那一枚,仍然在我的钥匙环上。完整的那一枚,我上在了女儿的钥匙环上,愿祖上保佑我的女儿平安健康、快乐一生!

2020年冬,一位教育界友人发来余光中的《乡愁》赏析,我刚好写到《远山岗上的身影》,还没来得及擦拭眼角的泪痕,信笔写了这首殊途同归的《温暖·和余光中〈乡愁〉》。

温暖·和余光中《乡愁》

三岁时

温暖是外婆的胸怀

穿的是粗布衣衫

传递的是人间挚爱

五岁时

温暖是堂屋中的堆火

烤熟的是红薯

第二十五篇 远山岗上的身影

甜蜜的是心头

七岁时

温暖是外公手中的烟把

驱赶的是虫蛇

照亮的是心灵

九岁时

温暖是送我出山时远山岗上的外婆

身影渐远

母爱愈浓

……

耳顺之年

温暖是外婆缝在我衣兜里的那两枚铜钱

一枚拴在女儿的钥匙环上

一枚留作未来伴我长眠

（2020年11月11日于深圳光明）

后记
postscript

我进城后不久,舅舅也把外婆和表弟妹接往武汉。过了几年外婆还是回村了,此后,两位养育过四个子女、五个里外孙的老人,就一直自行生活在龙井湾,再也没有出过远门。一直在外面生活的我,只要腾得出时间,必定会回老家陪老人住些时日。看惯了家乡的山,喝惯了龙井的水,只要在两位老人身边,就有说不出的温暖!

那年从部队转业到市检察院工作,利用办案出差的机会,顺路看望老人家。我告诉外婆,我现在做的是办案的工作,重病中的外婆只轻声吩咐我:"断案的事,人在做天在看,要学包公那样做个好人!"外婆的教诲,我一辈子不敢忘怀!几十年来,我始终服务社会,未敢以权谋私,生活虽是平淡,但却是充实幸福的一生。无数风雨之后,方知外婆的教诲才是人生的真谛!

我结婚时,外公外婆年事太高,未敢接来城里。第二年春上,外婆将一窝十几只小鸡仔托人带来城里,我悉心饲养。在我月薪只有三五十块钱的时候,充足的鸡蛋,成了月子里的妻子和幼小的女儿最实在的营养保障!

八十高龄的外婆,安详地走完了人生!

几年以后,我带刚上幼儿园的女儿回村看望外公,在城里生长从未到过农村的女儿,居然没有半点陌生,自己一个人满湾上下跑,仿佛都是她似曾相识的场景。当她挤到龙井边,向一群小伙伴指点井水面上有山林倒影时,从未见过她的老人们,看一眼就能说出她是我的小孩。

20世纪90年代初,我来到千里之外的特区工作,很难常回村看望外公,但收入条件的改善,我也做到了让年迈的外公不缺润用钱。外公百岁寿年,我没有忘记儿时听外公说过,他一辈子到处赶场看戏，等我有出息了，要给他办一场寿戏。在全村人的帮助下，外公百岁寿日，请来了县里最有名的戏班子，稻场搭台，方圆数十里的人们赶来捧场，唱了五天大戏。舅舅和姨说，难为我花费太大。只有我自己才知道，应该感谢的是，老人家以他罕见的高寿，让也已过中年的我，还有最温暖的情感依归！

再过一年后，外公才闭上了双眼，带着百年人间的沧桑和挚爱，云游天外……

2017年，村里来信说，今年春节回村的人多，都赞成我提议复修龙井的意见，并特别商议，指定我为复修龙井作碑记，未敢推辞。我寄出五千块钱，并嘱托复修龙井时，原来围住井口三方的那几条粗大的石条，一定要复归原位，有磨刀口的石条方位，按原样摆布。然后，放纵我厚重的情怀，一气呵成，作《龙井复修碑记》：

大别山南　浠河之西　大林山前　眠牛之地　古遗清泉　夏有清馨凉冽之感　冬有晨雾暖手之奇　谓之龙井　历千百载　养

后记

育槽门汪氏及其里外子孙 农耕尚礼 根深叶茂 出则贤达南北 居则勤劳乡里 乃一方水土孕一方人物 先祖择饮龙井水居之 荫福千秋 斗转星移 丁酉年孟秋 聚汪王严郭氏村民 尽心财物力 共举龙井之复修 凭此 仰视先人之恩泽 造福今世 告示后人之传承 龙井之风 源远流长

2021 年 7 月 21 日定稿

后序（之一）
乡土文学的新书写　振兴乡村的识归途

偶得林山先生《乡的风情》，于闲暇时捧起，即手难释卷，瞬间痴迷于大别山区的一幅幅风俗画卷和质朴文字下流动着的浓浓乡情。读罢，意犹未尽，想来是先生的作品唤醒了我深藏于时光中的家乡记忆，被牵动的情思久不能平息。

先生笔下的大别山记忆，可视为乡土文学的新书写。现当代乡土文学的出现，溯源于鲁迅先生的《故乡》。20世纪二三十年代，现代文坛上出现了一批比较接近农村的年轻作家，他们的创作较多受到鲁迅先生影响，以农村生活为题材，以农民疾苦为主要内容，形成"乡土文学"。《乡的风情》呈现出鲜明的地方色彩和年代特征，相较于传统"乡土文学"对尖锐阶级矛盾、农民疾苦的书写，先生之作更多是

后序（之一） 乡土文学的新书写 振兴乡村的识归途

对乡村中人们真实而又平凡生活的书写。先生所描绘的大别山乡村的自然生态、农业生产、村民生活、风俗文化、社会形态等无一不渗透着"温情"二字，这份真情自然涌动于字里行间，流淌于平凡琐事中，读来倍感温暖，而这正是对"乡土文学"的新书写，也可以说是对"乡土文学"的写作特色进行了新开拓。

拂去尘埃的记忆，聚焦大别山风物，生动地呈现了大别山区特有的风俗文化场景，在其中也塑造了一系列纯真、质朴又有大智慧的人物群像。文中所记事物都代表着特定时期背景下大别山的风貌，都是独有的大别山的文化符号。先生对大别山的记忆绕不开两个重要人物——外公和外婆。他们是万千生于斯、长于斯的劳动人民。先生所述及的有关他们的文字，总是那样亲切。他们一生坚守在大别山，虽没有机会接受外面的文化教育，但是大别山的自然环境，赋予了他们生产生活和人生的智慧，这也是大别山民的人生财富。

大别山的一切都充满艰辛而有诗意。我想，这诗意正是来自于先生内心拂去尘埃后，对美好生活认知的升华。记忆中的大别山在当代物质文化盛行时代的重构，恰是一次精神的复归。先生所述，尽是最为寻常之事，真实且纯粹，但是其中蕴含的人生哲理，精神的富足却令人动容。在物质文明盛行的今天，终日为生活和工作忙碌，不停奔走，驾驶着"成长"这辆快车，仍觉内心有一块荒芜之地。偶有停息，却会顿

后序（之一） 乡土文学的新书写 振兴乡村的识归途

生灵魂无处安放的孤独和迷茫。思考如何在当代奔涌向前的时代进程中，找到自己迷失的灵魂，如何获得精神的满足感和幸福感，可能也是先生的用意所在。

适逢乡村振兴发展大潮，先生带我重塑了对乡村生活的认知。"乡村振兴的主体是农民，在发展中不断对农民赋能，培养农民的乡村振兴能力，让他们把对美好生活的向往化为推动乡村振兴的动力，用双手托举起更加美好的新生活。"先生之作不仅是曾经生活在大别山的一代人的记忆，也能够让大别山外的无数人产生心灵的共鸣，能够让新时代青年对乡村生活产生认同和向往，更能让已城市化了的农二代、农三代重识了归途！从而，满怀激情加入乡村振兴发展热潮中,为中华民族伟大复兴贡献自己的一份力量,这也是先生之作的特殊时代价值。

大别山的记忆、流动的乡愁、生命的哲理、时代的价值……先生之作有太多正能量的主题需要反复品读和领悟!

王子娟

2021 年 11 月 5 日

后序（之二）
诗文的境界

居于灯红酒绿的大都市，日日忙碌于业务工作，揪心于房贷、堵车、新冠疫情……

已是霜降时节，于晨光乍现时分，翻开了还只是打印版的林山先生的《乡的风情》，质朴无华的文字间所渗出的浓重乡情，20世纪六七十年代大别山的别样风光，如田园牧歌般——浮现于我眼前，顿入魂牵梦绕之境！

共鸣

所谓阅读，有共鸣，方可称之为走进书中，方可真正领会作者之情意。或许同是大山走出的孩子，又或许同是外祖父母带大的孩子，先生之文字，将我的思绪拉回了童年时期，那段日子也是我迄今为止人生中弥足珍贵的回忆。

自外出求学至参加工作,已许久未被书作牵动过情绪,而今读先生之文字,情之所动,意之所随,无一不出于自然。

先生将民俗文化贯穿于作品之中,生动地为我们呈现了一幅多姿多彩的大别山百科全书式的画卷。淳朴乐观的民风在先生笔下展现得淋漓尽致,家乡特有美食的制作,特别的"还福"的传承;山里带有神秘色彩的传说、哭嫁、回娘家的风俗;儿时有趣的游戏,如抓石子、跳房子、打纸画、打油包、折飞机、打玻璃珠、滚铁环、拖板车;劳动生产的种水稻、扬谷、挑草头、做油面、放牛……两百多个细节场境的记述,让人真切地可知、可感。

后序(之二) 诗文的境界

惊叹

先生之文,字字质朴无华,然字句之间足见雕琢之功。此雕琢非彼雕琢,先生之作化雕琢于无迹,返朴归真,乃是众多写作者"梦里寻她"的境界。钟嵘先生提倡"观古今胜语,多非补假,皆由直寻",认为诗文的本质应是作者受自然或生活的启发,而对情感的直接表达。因此,他反对典故堆积与辞藻堆砌之作,认为过分的雕饰反会损害诗文本真之美。唐代诗评家皎然提出"至丽而自然",并不是提倡"无为"之作,而是崇尚"化雕琢于无迹"之作。文之所成,本就脱离不了作者精心营构。于我而言,先生的文字便是如此,质朴无华,但却并未是随意而成之语。读来清新自然,而字句之精炼、用词之贴切,恰非常人所能及!出于做文字工作的职业习惯,和我也有相似阅历的仗持,尝试删减调换词句,终以"眼前文词动不得,试改多番复归元"的狼狈收场。

先生把"字里行间"的诗文境界,演绎到了一种独有的高度。全文五万余字,没有一个"情"字,而情满山乡;没有一个"爱"字,而大爱无疆;没有一个"苦"字,而泪满衣襟;没有一个"坚"字,而坚韧不拔;没有一句说教,而让人受益太多!

沉思

令我为之动容的,是先生坦荡的胸襟。曾读过不少反映20世纪六七十年代经济社会生活的作品,多是"伤痕"与"反思"的基调,读

后序（之二） 诗文的境界

来让人心生悲楚。而先生的文字，却用"温暖"的笔法，真实地再现了那段历史，生活虽艰辛，而大别山下的村民却自强不息，乐观向上，这份胸襟便是太难得！虽然我们生活在改革开放四十年后的今天，人们的生产生活条件早已明显改善，但每一个时代都有不同的压力，直面困难、坚韧不拔、自强不息、战胜困难、创造未来，是先生传递给我们最宝贵的精神财富。

《乡的风情》二十五篇，五万余字，需字斟句酌地阅读，虽有太多令我回味，却仍觉意犹未尽。如"哭嫁"习俗，大学时，曾与同学一起做过一个关于张家界土家族哭嫁婚俗的课题，讲究尤多。而先生虽向我们呈现了这一风俗，但可感觉出先生还有未详尽介绍的，或许受篇幅所限先生未能一一叙说。文章中的各种原生态农业生产、民俗民风生活、儿时的游戏活动,甚至可再进一步扩充为一系列丛书。

更为期待的是,先生把十岁以后的几十年更多姿多彩的阅历和人生,以先生特有的思维和文字风格,再渐渐向我们展开……

蒋芳
2021 年 11 月 5 日